Günter Heismann

Sicher, nachhaltig, einfach

Günter Heismann

Sicher, nachhaltig, einfach

Wie Anleger die Chancen von ETFs nutzen
und die Risiken vermeiden

Bibliografische Information der Deutschen Nationalbibliothek
Die Deutsche Nationalbibliothek verzeichnet diese Publikation
in der Deutschen Nationalbibliografie; detaillierte bibliografische
Daten sind im Internet über http://dnb.d-nb.de abrufbar.

Hinweis
Wir glauben an Fairness für alle. Ausschließlich um die Lesefreundlichkeit unseres
Textes zu verbessern, wird jedoch an einigen Stellen entweder die männliche oder die
weibliche Form bei Personenbezeichnungen und personenbezogenen Hauptwörtern
gewählt. Im Sinne der Gleichbehandlung gelten entsprechende Begriffe grundsätzlich
für alle Geschlechter.
Die von uns gewählte Sprachform beinhaltet keine Wertung, sondern hat lediglich
redaktionelle Gründe. Personen aller Geschlechter mögen sich von unseren Überlegungen
gleichermaßen angesprochen fühlen.

**Frankfurter
Allgemeine
Buch**

© Fazit Communication GmbH
Frankfurter Allgemeine Buch
Pariser Straße 1
60486 Frankfurt am Main

Umschlag: Nina Hegemann
Umschlagabbildung: © Adobe Stock / Fiedels
Satz: Melanie Jungels, TYPOREICH – Layout- und Satzwerkstatt
Druck: CPI Books GmbH, Leck
Printed in Germany

1. Auflage
© Frankfurt am Main 2024
ISBN: 978-3-96251-180-7
Alle Rechte, auch die des auszugsweisen Nachdrucks, vorbehalten.

Frankfurter Allgemeine Buch hat sich zu einer nachhaltigen
Buchproduktion verpflichtet und erwirbt gemeinsam mit den
Lieferanten Emissionsminderungszertifikate zur Kompensation
des CO_2-Ausstoßes.

Inhalt

Teil I: Einführung	7
1.1 Schritt für Schritt zum ETF-Portfolio	10
1.2 Häufig gestellte Fragen	18
Teil II: Ein Fundament für sichere Investments	32
2.1 Einleitung und Überblick	32
2.2 Eine Ballung von Risiken im Dax	37
2.3 Das Tor zur Welt	54
2.4 Alternativen zum MSCI World	74
2.5 Ungewisse Aussichten für den Fernen Osten	83
2.6 So modern ist Europa	93
Teil III: Auf der Suche nach höheren Renditen	109
3.1 Einleitung und Überblick	109
3.2 Trügerische Trends	114
3.3 Strategische Sackgassen	118
3.4 Wissensindustrie schlägt Weltindex	127
Teil IV: Von der Wissensökonomie profitieren	135
4.1 Einleitung und Überblick	135
4.2 Auf hohe Renditen programmiert	138
4.3 Der Geist aus der Maschine	146
4.4 Astronomische Gewinne im Mikrokosmos	152
4.5 Eine gesunde Mixtur von Chancen und Risiken	158

Teil V: Nachhaltig investieren 168

5.1 Einleitung und Überblick 168
5.2 Greenwashing 174
5.3 Sozial verantwortliche Investments 181
5.4 Ist Impact Investing die bessere Alternative? 187
5.5 Erneuerbare Energien 191
5.6 Wasserstoffwirtschaft 201
5.7 Elektromobilität 207
5.8 Ein ernüchterndes Fazit 210

Teil VI: Bedenkliche Entwicklungen 217

6.1 Einleitung und Überblick 217
6.2 Treuhänderische Wahrnehmung der Stimmrechte 220
6.3 Vertrauliche Gespräche hinter verschlossenen Türen 228
6.4 Der Klub der Billionäre 234
6.5 Identische Eigentümer gefährden den Wettbewerb 242
6.6 Trittbrettfahrer der Kapitalmärkte 251

Über den Autor 254

Teil I: Einführung

Sie sind beliebt wie nie. Im Dezember 2023 hatten Anleger in Deutschland 114 Milliarden Euro in Exchange Traded Funds (ETF) angelegt. Das Volumen lag um 30 Prozent höher als im Vorjahr. Für den kräftigen Zuwachs war nicht allein der starke Anstieg der Aktienkurse verantwortlich. Auch die Zahl der Investoren nahm zu. Ende 2023 hatten hierzulande gut vier Millionen Menschen einen Sparplan für ETFs abgeschlossen – neun Prozent mehr als im Dezember 2022. Diese Angaben ermittelte die Website extraETF, die jeden Monat eine Umfrage bei den deutschen Banken durchführt. Vermutlich sind die tatsächlichen Zahlen noch deutlich höher, denn nicht alle Institute melden vollständige Daten.

Ermittelt werden bei den Umfragen ebenfalls die Beträge, die in die ETF-Sparpläne eingezahlt werden: 2023 waren es im Durchschnitt 163 Euro pro Monat. Das Instrument ist also nicht nur für wohlhabende Bürger geeignet, sondern auch für Durchschnittsverdiener, die Altersvorsorge für unsichere Zeiten betreiben wollen. In absehbarer Zukunft dürften ETFs, also börsengehandelte Indexfonds, so beliebt werden, wie dies einst Lebensversicherungen waren. Diese Produkte sind jedoch erheblich transparenter als eine kapitalbildende Lebensversicherung: Die Anleger wissen im Prinzip jederzeit, wo ihr Geld investiert ist und wie viel sie bereits angespart haben.

Doch leider ist es nicht einfach, die richtigen Produkte für einen ETF-Sparplan zu finden. Mittlerweile werden in

Deutschland mehr als 2000 Indexfonds angeboten. Hiervon sind allerdings die allermeisten so überflüssig wie ein Kropf; manche bescheren den Anlegern nichts als rote Zahlen. Solche Produkte, die einzelne Branchen, Trends oder Technologien abbilden, haben im Prinzip wenig zu tun mit der Grundidee, die hinter den Exchange Traded Funds steht.

Ursprünglich bildeten diese Instrumente einen marktbreiten Börsenindex ab, der die wichtigsten Unternehmen und Branchen eines Landes umfasst. So enthält der Deutsche Aktienindex (Dax) die 40 größten Aktiengesellschaften der Bundesrepublik. Wer einen ETF auf den Dax kauft, investiert damit auf einen Schlag in alle deutschen Großunternehmen, die an der Börse notiert sind. Eine Anlegerin muss sich nicht lange den Kopf zerbrechen, welche Branchen und Firmen die besten Aussichten haben. Werden die Kurse von Siemens, BASF und Mercedes-Benz am stärksten steigen? Oder sollte ich lieber in die Allianz, Henkel oder Adidas investieren?

Mit einem ETF auf den Dax reduziert eine Anlegerin zudem ihre Verlustrisiken auf das unvermeidliche Minimum. Wer 2019 all seine Ersparnisse in die Aktie von Wirecard investiert hätte, wäre heute womöglich ein Fall fürs Sozialamt. Eine Investorin, die sich damals für einen Dax-ETF entschieden hatte, war hingegen von der Pleite praktisch nicht betroffen. Sie kann mit ihrem Investment überdies die Marktrendite erzielen: Ihr ETF wirft stets genau die Erträge ab, die die übrigen Investoren im Durchschnitt mit Dax-Aktien erzielen. Sie schneidet zwar nicht besser, aber auch nicht schlechter ab als der Durchschnitt.

Selbst die besten Profis schaffen es meist nicht auf Dauer, die Märkte zu schlagen. Dies gilt auch für aktiv verwaltete Fonds, die ebenfalls höchst selten höhere Renditen liefern als der Markt.

Dies war dem amerikanischen Fondsmanager John C. Bogle bereits während seines Studiums aufgefallen. Er konnte 1951 in seiner Examensarbeit nachweisen, dass Investmentfonds meist nicht in der Lage sind, über längere Zeit überdurchschnittliche Renditen zu erzielen. Wissenschaftler wie der Finanzökonom Burton Malkiel von der Princeton University bestätigten später diese Befunde. Auf diesen Erkenntnissen fußend, brachte Bogle 1975 den ersten Indexfonds für das breite Publikum auf den Markt. Zugleich gründete er für den Vertrieb dieser Novität die Vanguard Group, heute neben der wesentlich besser bekannten New Yorker Fondsgesellschaft BlackRock einer der beiden größten ETF-Anbieter der Welt. „Wir arbeiten für die Main Street, nicht für die Wall Street", pflegte Bogle zu sagen. Er bezog sich dabei auf die Hauptstraße einer typischen amerikanischen Kleinstadt, an der kleine Leute leben und arbeiten.

Um sein neues Produkt möglichst gut verkaufen zu können, verlangte Bogle erheblich geringere Gebühren, als sie bei aktiv verwalteten Fonds üblich waren und bis heute sind. Da Vanguard keine hoch bezahlten Analysten und Fondsmanager beschäftigt, die alle Aktien einzeln begutachten und auswählen, hat die Fondsgesellschaft geringere Kosten als die Konkurrenten. Bis heute versteht sich Vanguard als Billiganbieter, der die niedrigsten Verwaltungsgebühren auf dem Markt verlangt. Hohe Gebühren gehen zulasten der Renditen, dies wirkt sich vor allem auf lange Sicht aus. Studien kommen immer wieder zu dem Ergebnis, dass ETFs langfristig eine erheblich bessere Wertentwicklung aufweisen als vergleichbare aktiv verwaltete Fonds.

Anfangs leistete die Wall Street erbitterten Widerstand gegen Bogles Erfindung. Indexfonds seinen „unamerikanisch", wurde behauptet. Analysten, Fondsmanager und Vermögensberater fürchteten offenbar um ihre Pfründe. Doch dann entdeckten Banken und Fondsgesellschaften, dass sich auch mit Indexfonds wunderbare Gewinne machen lassen. In den 1990er-Jahren kamen die ersten Produkte auf den Markt, die an der Börse gehandelt werden konnten, was ursprünglich nicht möglich war. Zugleich entwickelte die etablierte Finanzindustrie immer neue Indizes und Indexfonds, die jedes nur denkbare Thema abbildeten. Diese Produkte sind für die Branche sehr profitabel, denn die Anbieter können hierfür wesentlich höhere Gebühren verlangen als bei marktbreiten Indizes. Nicht alle Branchen-, Trend- und Technologieindizes sind von vornherein abzulehnen. Einige können durchaus empfohlen werden.

1.1 Schritt für Schritt zum ETF-Portfolio

Anleger, die sich bislang noch nicht mit dem Thema Indexfonds befasst haben, sollten zunächst das Fundament für ein ETF-Portfolio legen. Dies sollte stets aus einem breiten Börsenindex bestehen. Doch welcher ist am besten geeignet? Die möglichen Alternativen mit ihren jeweiligen Vor- und Nachteilen werden in Teil II vorgestellt.

Der Dax kommt als Basis kaum infrage. Er enthält eine ganze Reihe von Industriezweigen, deren Zukunft recht ungewiss ist. Hierzu gehören die Autohersteller, die gleich mehrere Herausforderungen zu bewältigen haben: Sie müssen ihre Pkw-Flotten innerhalb der nächsten zehn Jahre weitgehend auf klimafreundlichen Elektroantrieb umstellen. Zudem drängen neue Konkurrenten aus China auf die westlichen Automärkte. Ähnlich wie für die Pkw-Hersteller hat die Energiewende auch für mehr als ein Dutzend weiterer Firmen aus den Branchen Chemie, Energie, Luftfahrt und Rohstoffe hohe Lasten und Risiken zur Folge. Rund die Hälfte aller Dax-Gesellschaften sind unmittelbar von der ökologischen Transformation betroffen. Überdies haben sich viele Unternehmen allzu abhängig vom Geschäft mit China gemacht. Das könnte sich rächen, wenn die Spannungen zwischen dem Westen und der Volksrepublik weiter zunehmen.

Die bessere Alternative ist der MSCI World. Mit rund 1500 Aktiengesellschaften aus 23 Industrienationen ist dieser Index in jeder Hinsicht breiter aufgestellt als der Dax und auch der Branchenmix ist ausgewogener. Anders als der Dax enthält der „Weltindex" zahllose Firmen aus verbrauchernahen Branchen wie Einzelhandel, Gastronomie, Tourismus und Konsumgütern. Auf der anderen Seite ist der Anteil der emissionsintensiven und konjunkturanfälligen Produzenten von Industriegütern nur ungefähr halb so hoch wie im Dax. Nicht zuletzt sind die zukunftsträchtigen Informationstechnologien im MSCI World sehr stark vertreten.

Vielen Anlegern ist allerdings der Anteil der USA am MSCI World zu hoch, der zu rund 70 Prozent aus amerikanischen Unternehmen besteht. Zugleich umfasst der Index nicht die Schwellenländer, die heute für rund 40 bis 50 Prozent der weltweiten Wirtschaftsleistung stehen. Dieser doppelte Nachteil könnte mit einem zusätzlichen Investment in den MSCI Emerging Markets kompensiert werden, der 1400 Unternehmen aus den jungen Industrienationen enthält. Der geografische Schwerpunkt liegt jedoch in Ostasien, wo die politischen Risiken in den vergangenen Jahren beträchtlich zugenommen haben. Überdies ist der wirtschaftliche Aufschwung in China und einigen anderen asiatischen Ländern augenscheinlich ins Stocken geraten. Diese beiden Gründe sprechen zumindest derzeit gegen ein Engagement in den Schwellenländern.

Wer eine Ergänzung oder gar Alternative zum USA-lastigen MSCI World sucht, sollte besser Europa in den Blick nehmen. Hier stehen gleich mehrere Indizes zur Auswahl. Den besten Ausgleich zum MSCI World bietet der Stoxx Europe 50, der 50 Unternehmen aus ganz Europa abbildet. Die weitaus größte Branche dieses Index ist das Gesundheitswesen, das im Kern aus der Pharmaindustrie besteht. Eine Anlegerin, die ihre Aktien-Investments in gleich großen Portionen auf diese beiden Indizes verteilt, kann damit nicht nur die amerikanische Dominanz reduzieren, sondern hat in ihrem Portfolio auch zu ungefähr gleichen Teilen die beiden voraussichtlich wichtigsten Zukunftsbranchen – die Informationstechnologien und die Gesundheitswirtschaft. Wer jedoch lieber ganz auf den MSCI World verzichten und seine Investments auf Europa beschränken möchte, ist am besten mit dem Stoxx Europe 600 bedient. Dieser Index umfasst 600 große, mittlere und kleinere Unternehmen aus ganz Europa, ist also nahezu ebenso breit diversifiziert wie der Weltindex. Er hat weder ein Übergewicht bei der Fertigungsindustrie (wie der Dax) noch bei den Informationstechnologien (wie der MSCI World) oder der Pharmaindustrie (wie der Stoxx Europe 50). Allerdings waren hier die Erträge in der Vergangenheit niedriger als beim Weltindex.

Wo gibt es, bitte sehr, höhere Renditen?

Vielen Anlegern sind aber auch die Erträge, die sie mit MSCI World in den vergangenen Jahren erzielen konnten, nicht hoch genug. Die Inflation, die 2022 unversehens ausgebrochen ist, zehrt an den Renditen. Sollte die Teuerung anhalten, reicht das angesparte Vermögen womöglich dereinst nicht aus, um damit das ersehnte Eigenheim zu bauen, die Ausbildung der Kinder zu finanzieren oder die Versorgung im Alter abzusichern. In Teil III werden Alternativen zum MSCI World erörtert, die allerdings überwiegend keine besseren Renditen abwerfen, sondern in den vergangenen Jahren meist schlechtere Erträge lieferten.

- Der amerikanische Wirtschafts-Nobelpreisträger Eugene Fama und andere Finanzökonomen haben einzelne Faktoren identifiziert, die entscheidenden Einfluss auf die Rendite eines Aktienportfolios haben können. Hierzu gehören hohes Wachstum und solide Finanzen. Acht Börsenindizes auf Basis des MSCI World bilden solche Erfolgsfaktoren ab. Leider liefern die meisten deutlich schlechtere Erträge als der Weltindex.
- Vernichtend sind die Ergebnisse für Trendfonds, von denen Hunderte auf dem Markt erhältlich sind. Kein

einziges dieser Produkte erzielt bessere Renditen als der MSCI World, viele bescheren den Anlegern nichts als rote Zahlen.
- Bei Indexfonds auf einzelne Branchen zeigt sich ebenfalls eine erstaunliche Schieflage. Der MSCI World setzt sich aus elf Sektoren zusammen. Hiervon hat die überwiegende Mehrzahl in den vergangenen zehn Jahren eine schlechtere Wertentwicklung geliefert als der Weltindex. Der MSCI World Information Technology Index schnitt jedoch deutlich besser ab: Die Renditen waren von 2013 bis 2023 mehr als doppelt so hoch wie beim Weltindex.

Die Asymmetrien sind in allen drei Kategorien verblüffend stark ausgeprägt. Bei den Trendfonds gibt es keinen einzigen, der auch nur annähernd so hohe Renditen liefert wie der MSCI World. Die beiden anderen Gruppen verzeichnen erheblich weniger „Gewinner" als „Verlierer". Für Anleger bedeutet dies, dass sie sehr genau hinschauen müssen, bevor sie sich für einen ETF auf einen hoch spezialisierten, schmalen Index entscheiden. Das erheblich größere Risiko wird in den meisten Fällen nicht durch eine höhere Rendite ausgeglichen. Bei zwei Sektorindizes ist dies anders, nämlich bei den Informationstechnologien und der Gesundheitsökonomie. Diesen beiden „Superbranchen" ist daher ein eigener Teil gewidmet.

Gute Renditen kompensieren die Risiken

Die IT-Industrie erzielt seit mehr als einem Vierteljahrhundert zuverlässig höhere Renditen als der MSCI World. Zwar erleidet der Sektor regelmäßig Rücksetzer, die größer sind als beim Weltindex, doch die höheren Renditen gleichen das größere Risiko langfristig mehr als aus.

Noch höher sind die Erträge, die sich mit dem MSCI World Semiconductors und Semiconductor Equipment erzielen lassen. Dieser Index enthält die Kernindustrie der Informationstechnologien, nämlich die Hersteller von Halbleitern, und bescherte den Anlegern von 2013 bis 2023 Renditen von gut 23 Prozent – fast dreimal so viel wie beim MSCI World. In Teil IV werden die Gründe erläutert, warum der Halbleiterindex voraussichtlich auch künftig ausgezeichnete Renditen liefern dürfte. Angesichts der verhältnismäßig hohen Verlustrisiken sollten die Anleger allerdings nur einen begrenzten Teil ihrer flüssigen Mittel in die Chipindustrie investieren. Das Gleiche gilt für die künstliche Intelligenz und die Informationstechnologien insgesamt. Das Maximum liegt bei etwa fünf oder zehn Prozent. Ein Investment kommt vor allem für Anleger infrage, die keinen ETF auf den MSCI World haben, denn mit diesem Index gibt es starke Überschneidungen. Hingegen ist ein Investment in die Chipindustrie, die künstliche Intelligenz oder die IT insgesamt eine gute Ergänzung zu einem Index wie dem Stoxx Europe 50 oder dem Stoxx Europe 600, wo diese Zukunftsbranche nur schwach vertreten ist.

Im Gegensatz zur IT-Industrie verläuft die Entwicklung im Gesundheitswesen in ruhigen Bahnen. Die Nachfrage nach Medikamenten und ärztlichen Dienstleistungen unterliegt sehr geringen Schwankungen. Zugleich sind die Renditen im langjährigen Trend leicht höher als beim MSCI World. Der Sektor Gesundheitswesen verfügt über eine Kombination, die recht selten ist: Er erzielt ganz ordentliche Renditen und weist zugleich ziemlich geringe Risiken auf.

Sind wirklich 90 Prozent der Unternehmen nachhaltig?
Viele Investoren achten darauf, dass ihr Geld nicht nur Renditen bringt, sondern zudem einen Nutzen für Klima, Umwelt und Gesellschaft stiftet. Solche Ziele lassen sich auch mit ETFs erreichen, allerdings ist es nicht ganz einfach, wie in Teil V gezeigt wird. Zwar werden mittlerweile zahlreiche ETFs angeboten, die ökologisch und sozial verantwortungsvolle Investments versprechen. Doch es bestehen große Unterschiede in Konzeption und Qualität.

Die Basis für einen nachhaltigen Aktienindex bildet meist ein breit kalibriertes Börsenbarometer wie der MSCI World. Aus diesem Basisindex werden alle Unternehmen mit ökologisch oder sozial umstrittenen Produkten ausgeschlossen. Dies können etwa Waffen, Tabak oder Alkohol sein. Häufig sind die Ausschlusskriterien aber nicht allzu streng. Sie können daher von der überwiegenden Zahl der Unternehmen erfüllt werden. Der New Yorker Finanzdienstleister MSCI bietet eine ganze Reihe von „Nachhaltigkeitsindizes" an, in denen zwischen 80 und 90 Prozent der Unternehmen des Basisindex enthalten sind. Es ist völlig unglaubwürdig, dass ein so hoher Anteil tatsächlich nachhaltig ist. Da liegt offenbar ein Fall von Greenwashing vor. MSCI bietet aber auch eine Reihe von Indizes an, die deutlich höheren Anforderungen an Nachhaltigkeit genügen. Diese Produkte firmieren als „Socially Responsible Investments" (SRI). Hier ist die Auswahl erheblich strikter: Von den 1500 Unternehmen des MSCI World werden, je nach Indexvariante, nur rund ein Viertel bis die Hälfte übernommen.

Doch auch das SRI-Konzept hat einen grundlegenden Mangel: Es werden lediglich die übelsten Klima- und Umweltsünder ausgesiebt. Weniger schmutzig heißt aber noch lange nicht: wirklich sauber. Viele verantwortungsbewusste Anleger bevorzugen daher eine Anlagestrategie, die als „Impact Investing" bezeichnet wird: Die Gelder werden gezielt in Unternehmen angelegt, die mit ihren Produkten oder Dienstleistungen tatsächlich dazu beitragen, das Klima zu schützen. Dies können zum Beispiel die Hersteller von Windkraftanlagen oder die Betreiber kommerzieller Fotovoltaik-Kraftwerke sein. Der bei deutschen Privatanlegern beliebteste Index für Impact Investing ist der S&P Global Clean Energy. Er besteht aus 100 Unternehmen, von denen die meisten in der Tat Pioniere bei erneuerbaren Energien sind. Der Index enthält aber auch eine Reihe chinesischer Solarunternehmen, die Vorprodukte aus Arbeitslagern in der Region Xinjiang verarbeiten. Diese Firmen tragen mit ihren Erzeugnissen gewiss dazu bei, den Klimaschutz voranzutreiben. Zugleich profitieren sie aber von Zwangsarbeit. Das Beispiel zeigt, dass Nachhaltigkeit umfassend gesehen werden muss. Ideale Lösungen für ökologisch und sozial verantwortungsvolle Investments gibt es nicht.

Der Schlussteil befasst sich mit einigen allgemeinen Aspekten von ETFs. Hierzu gehört die grundlegende Frage, ob die Anbieter dieser Fonds tatsächlich die Interessen ihrer Kunden wahrnehmen und bei den Portfolio-Unternehmen darauf achten, dass gut gewirtschaftet wird. Daran gibt es gewisse Zweifel. Selbst der weltgrößte Asset-Manager BlackRock beschäftigt nur einige Dutzend Fachleute für die Überwachung und Steuerung der Tausenden von Aktiengesellschaften, an denen der New Yorker Finanzkonzern beteiligt ist. Zugleich fördern die ETF-Giganten, die meist an unmittelbaren Konkurrenten beteiligt sind, die Konzentration in der globalen Wirtschaft. Hält die Ausbreitung von passiven Fonds auch künftig im Tempo der vergangenen Jahre an, gefährden ETFs überdies das Funktionieren der Aktienmärkte. Wenn sich alle Investoren so passiv verhalten würden wie Indexfonds, wäre ein Börsenhandel nicht mehr möglich und auch kaum sinnvoll.

1.2 Häufig gestellte Fragen

Für Leser, die mit der Welt der Börsen und Indexfonds noch nicht sehr vertraut sind, werden im Folgenden im bewährten FAQ-Format ein paar Fragen gestellt und beantwortet.

Was ist der Unterschied zwischen Indexfonds und ETFs?
Die beiden Begriffe werden zwar oft synonym verwendet, sind aber nicht völlig deckungsgleich. Ein Indexfonds ist dadurch definiert, dass er einen bestimmten Börsenindex wie den Dax oder den MSCI World nachzeichnet. Ein solches Produkt wird nicht notwendigerweise an der Börse gehandelt, wie dies bei ETFs der Fall ist. Ursprünglich war dies gar nicht vorgesehen. Börsengehandelte Indexfonds gibt es erst seit den 1990er-Jahren. Solche Produkte werden im Allgemeinen mit dem englischen Begriff „Exchange Traded Funds" (ETFs) bezeichnet. Indexfonds für

Privatanleger sind in der EU heute in aller Regel an der Börse notiert. Nur institutionelle Investoren, also zum Beispiel Banken, Versicherungen oder Staatsfonds, können Indexfonds kaufen, die nicht an einer Wertpapierbörse gehandelt werden.

Seit einigen Jahren werden auch sogenannte aktiv gemanagte ETFs angeboten. Hierbei handelt es sich aber keineswegs um Indexfonds, die passiv investieren, sondern um Investmentfonds, bei denen ein Fondsmanager aktiv die Aktien auswählt, in denen die Kundengelder angelegt werden. Bei aktiven ETFs sind die Gebühren allerdings meist erheblich höher als bei börsengehandelten Indexfonds. Bislang haben sich diese Produkte zumindest in der EU nicht recht durchsetzen können. In diesem Buch werden grundsätzlich nur börsengehandelte Indexfonds für Privatanleger erörtert, die allesamt zugleich ETFs sind. Weitere Sonderformen sind Short ETFs, die auf fallende Börsenkurse setzen, und Leveraged ETFs, die mit Kredithebeln arbeiten. Wegen ihrer enormen, schwer abzuschätzenden Risiken kommen diese Instrumente für Privatanleger grundsätzlich nicht infrage.

Was bedeutet UCITS?

ETFs, die in Deutschland angeboten werden, tragen in der Regel den Zusatz UCITS. Das Kürzel steht für „Undertakings for Collective Investments in Transferable Securities". Hiermit sind Investmentfonds gemeint, die den rechtlichen Anforderungen in der EU genügen. Sie haben bestimmte Standards für Verbraucherschutz und Transparenz zu erfüllen. Die Anbieter von UCITS-Produkten müssen zum Beispiel Verkaufsprospekte, halbjährliche und jährliche Berichte sowie monatlich aktualisierte Factsheets mit den wichtigsten Informationen zu einem ETF veröffentlichen. Die EU hat überdies festgelegt, welche Vermögenswerte ein ETF enthalten darf. Zulässig sind Aktien und Anleihen, nicht hingegen Rohstoffe, Edelmetalle und Kryptowährungen. UCITS-Fonds sind zulassungspflichtig; sie unterliegen in Deutschland der Aufsicht durch die Bundesanstalt für Finanzdienstleistungsaufsicht (BaFin). Weitgehend synonym mit dem Begriff UCITS ist die Bezeichnung OGAW, die für „Organismus für gemeinsame Anlagen in Wertpapiere" steht. In diesem Buch werden grundsätzlich nur ETFs empfohlen, die UCITS- und OGAW-konform sind.

Wozu brauche ich die ISIN?

Die International Securities Identification Number (ISIN) ist eine international übliche Kennnummer, mit der sich jedes Wertpapier zweifelsfrei identifizieren lässt. Hierzu gehören nicht nur Aktien und Anleihen, sondern auch Fonds und Börsenindizes. Die ISIN ist ein alphanumerischer Code aus zwölf Buchstaben und Ziffern. Die ersten beiden Buchstaben bezeichnen das Land, in dem ein ETF sein rechtliches Domizil hat. Mithilfe der ISIN können Wertpapier-Orders bei der Bank oder dem Broker aufgegeben werden. Mit diesem Code lassen sich im Internet auch die obligatorischen Kundeninformationsdokumente und Factsheets der Anbieter sowie die aktuellen Kursdaten und weitere Informationen aufrufen. Parallel zur ISIN hat jedes Wertpapier in Deutschland eine Wertpapier-Kennnummer (WKN), die kürzer, aber weniger gebräuchlich ist.

Wie und wo kann ich einen ETF kaufen?

Exchange Traded Funds werden, wie erwähnt, an der Börse gehandelt. Privatanleger können einen ETF aber nur kaufen oder verkaufen, wenn sie eine Bank oder einen Online-Broker einschalten. Sie benötigen überdies ein Wertpapierdepot, das aber nicht bei der Hausbank geführt werden muss. Über die aktuellen Konditionen von Brokern und Banken informieren die einschlägigen ETF-Websites.

Wie lange sollte ich Fondsanteile halten?

Fondsanbieter empfehlen regelmäßig, die Anteile mindestens fünf Jahre zu halten. Dieser Zeitraum ist aber zu kurz, um eine lang anhaltende Baisse an der Börse durchzustehen. Zehn Jahre dürften angemessener sein.

Wann ist der richtige Zeitpunkt, um mit Investments in ETFs zu beginnen?

Den idealen Zeitpunkt für einen Einstieg an der Börse gibt es nicht. Dies gilt für Fonds ebenso wie für einzelne Aktien. Um zu wissen, ob in der absehbaren Zukunft passable Börsengewinne zu erwarten sind oder nicht, müsste man die künftigen Entwicklungen an den Aktienmärkten präzise vorhersagen können. Dies aber ist schlicht nicht möglich. Jedes Mal, wenn der Dax wie zum Beispiel im Februar 2024 auf einen neuen Höchststand klettert, entspinnen sich heftige Diskussionen zwischen Börsenexperten über den zu erwartenden weiteren Verlauf. Die Optimisten glauben, dass die Hausse noch eine Zeit lang anhalten könnte. Die Pessimisten sehen in jedem Börsenrekord ein Warnsignal, dass es fortan abwärtsgehen müsse. Beide können ihre

Prognosen mit historischen Erfahrungen stützen. Um das unvorhersehbare Auf und Ab an der Börse besser durchzustehen, empfiehlt es sich, einen Sparplan abzuschließen, wie im nächsten Punkt erläutert wird.

Welche Vorteile bietet ein Sparplan?

Bei einem Sparplan zahlt der Anleger monatlich einen festgelegten Betrag auf ein Konto bei einer Bank oder einem Online-Broker ein. Es sind heute auch sehr kleine Beträge möglich. Für die meisten ETFs werden mehrere Sparpläne angeboten, von denen viele kostenlos sind. Ob ein bestimmter Indexfonds sparplanfähig ist, lässt sich im Factsheet nachlesen. Zudem führen die einschlägigen Websites zu jedem ETF die verfügbaren Sparpläne auf.

Ein Sparplan erleichtert nicht nur das Investment. Er hat auch eine gewisse disziplinierende Wirkung, weil das Geld automatisch vom Konto abgebucht wird. Der Anleger gerät also nicht in Versuchung, den Betrag für einen vielleicht nicht unbedingt notwendigen Einkauf auszugeben. Überdies hilft ein Sparplan dabei, eine Krise an der Börse besser zu überstehen: Für den vorgesehenen fixen Betrag bekommt der Anleger in der Hausse, wenn die Kurse hoch stehen, relativ wenige Anteile an seinem ETF. Sind die Notierungen in der Baisse aber gefallen, gibt es für das gleiche Geld mehr Anteile. Wer also tapfer bei der Stange bleibt, wenn an der Börse schweres Wetter herrscht, kann beim nächsten Aufschwung von Kurssteigerungen profitieren. Die Anteile, die er für kleines Geld auf dem Tiefpunkt gekauft hat, sind jetzt plötzlich viel wert; womöglich machen die Kursgewinne recht rasch die Verluste wett, die der Anleger mit den in der Hausse teuer gekauften Anteilen erlitten hat. Viele, aber längst nicht alle ETFs sind geeignet für Sparpläne im Rahmen von Vermögenswirksamen Leistungen (VL), also Zahlungen des Staates und eventuell des Arbeitgebers. Hinweise finden sich oft in den Factsheets der Anbieter.

Wie sicher ist ein ETF?

Ein Indexfonds wird durch ein eigens gebildetes Vermögen besichert, das stets alle Forderungen der Anleger in voller Höhe deckt. Dieses Sondervermögen wird auf dem Depot einer Treuhand- oder Verwahrbank geführt. International ist eine solche Institution als „Custodian Bank" bekannt. Falls es sich bei dem Emittenten des ETF um eine Bank handelt, darf diese nicht identisch sein mit der Verwahrbank. Wer diese Treuhandbank ist, lässt sich den Factsheets entnehmen, die der Anbieter für jeden einzelnen ETF im Internet veröffentlicht. Dort findet der interessierte Anleger auch Angaben zu den Wirtschaftsprüfern, die regelmäßig nachschauen, ob bei einem ETF alles mit rechten Dingen zugeht.

Woraus besteht das Sondervermögen?

Das Vermögen, das der Deckung der Kundenforderungen dient, kann auf unterschiedliche Weise gebildet werden. Die heute gängigste Methode ist, dass die Fondsgesellschaft tatsächlich alle Aktien ankauft, die im Referenzindex enthalten sind, und hierbei zudem die unterschiedlich hohe Gewichtung der Titel beachtet. Dieses Verfahren wird als „volle Replikation" bezeichnet. Es bedeutet: Wenn ein ETF den Dax nachzeichnet, dann enthält das Fondsvermögen alle 40 Positionen des deutschen Leitindex. Hat die SAP einen Anteil von elf Prozent am gesamten Wert des Dax, dann wird diese Quote auch beim Fondsvermögen eingehalten. Ein marktbreiter, internationaler Index enthält aber erheblich mehr Positionen als der Dax: Der MSCI World bildet rund 1500 Unternehmen aus 23 verschiedenen Ländern ab. Es ist recht mühsam und aufwendig, alle diese Aktien an der Börse zu erwerben. Das Fondsmanagement entscheidet sich dann womöglich für ein sogenanntes Sampling, bei dem nur eine repräsentative Auswahl der Titel tatsächlich angekauft wird. Dies können zum Beispiel die 25 Prozent schwersten Aktien sein, die für, sagen wir, 80 Prozent des gesamten Börsenwerts des Index stehen. Doch auch in diesem Fall muss das Fondsvermögen so groß sein, dass die Kundenforderungen vollumfänglich gedeckt werden.

Eine weitere Methode besteht darin, dass die Aktien gar nicht angekauft werden. Stattdessen sorgt der Fondsanbieter über komplizierte Tauschgeschäfte für die notwendige Deckung. Wie diese sogenannten Swaps aussehen, wird im Einzelnen nicht mitgeteilt. Das Verfahren ist also sehr intransparent. Die Anleger wissen nicht, ob ihre Forderungen tatsächlich mit werthaltigen Assets gedeckt sind. Obendrein besteht ein sogenanntes Kontrahenten-Risiko: Wenn der Partner, mit dem die Fondsgesellschaft die Swap-Geschäfte abgeschlossen hat, in Konkurs gehen sollte, würde die Deckung verloren gehen. In den Factsheets können Anleger nachschauen, ob die Deckung eines ETF auf voller Replikation, einem Sampling oder einem Swap-Geschäft beruht.

Was geschieht mit den Gewinnen, die die Unternehmen ausschütten?

Mit Blick auf die Dividenden lassen sich zwei Typen von Indexfonds unterscheiden. Bei den *ausschüttenden* ETFs werden die überwiesenen Gewinne an die Anleger weitergeleitet. Hierfür gibt es pro Jahr bis zu vier fixe Termine. Wie häufig und wann die Dividenden ausgeschüttet werden, können Anleger in den Factsheets nachlesen. Ausschüttende Fonds kommen vor allem für Investoren infrage, die die Dividenden konsumieren wollen, zum Beispiel Rentner und Pensionäre, die ihre Altersbezüge aufbessern wollen. Sie müssen allerdings bedenken, dass Dividendenzahlungen starken Schwankungen unterliegen. Wenn Unternehmen in schlechten Jahren weniger Geld verdienen, dann kürzen sie im Allgemeinen auch die Dividenden.

Bei einem *thesaurierenden* ETF werden die ausgeschütteten Gewinne hingegen wieder investiert. Das Fondsmanagement kauft mit den Dividenden weitere Aktien der ausschüttenden Unternehmen. Dies beschleunigt die Vermögensbildung ähnlich wie der Zinseszinseffekt bei einem Sparbuch. Zudem kann die Thesaurierung steuerlich von Vorteil sein, denn bei ausgeschütteten Dividenden greift der Fiskus zu. Schließlich hat dieses Verfahren eine gewisse erzieherische Wirkung: Wenn die Dividenden nicht auf dem Konto des Anlegers landen, gerät dieser auch nicht in Versuchung, das Geld auszugeben. Große Fonds auf marktbreite Börsenindizes haben meist sowohl eine ausschüttende als auch eine thesaurierende Anteilsklasse, sodass die Anleger wählen können.

Wie werden die Renditen berechnet?

Die Erträge, die ein Börsenindex beziehungsweise ein Indexfonds erzielt, lassen sich auf mehrfache Weise berechnen. Die Kursrendite (englisch: Price Return) berücksichtigt nur die Kursgewinne, die ein Index in einem bestimmten Zeitraum erzielt hat. Beim Euro Stoxx 50, der 50 Unternehmen aus der Eurozone umfasst, belief sich die Kursrendite 2023 zum Beispiel auf 19,5 Prozent. Dies ist schlicht der Wertzuwachs, den die abgebildeten Aktien vom 31. Dezember 2022 bis zum 31. Dezember 2023 erzielten. Bei der Bruttorendite werden zusätzlich auch die ausgeschütteten Dividenden berücksichtigt; im Englischen wird diese Größe als Total Return oder Gross Return bezeichnet. Beim Euro Stoxx 50 lag sie 2023 bei genau 23,6 Prozent. Bei der Nettorendite (Net Return oder Total Net Return) werden vom Bruttowert die Steuern auf Kapitalerträge abgezogen. Hierfür setzen die Indexanbieter Pauschalsätze an, die sich zum Beispiel an der Abgeltungssteuer orientieren. Beim Euro Stoxx 50 belief sich die Nettorendite für 2023 auf 22,6 Prozent. Während der Indexanbieter Qontigo, eine Tochter der Deutschen Börse, bei den Stoxx-Indizes meist alle drei Renditen angibt, ist dies bei MSCI nicht der Fall. Der Anbieter nennt bei seinen Produkten zuweilen die Gross Returns, dann wieder die Net Returns, aber selten beide Renditen gleichzeitig.

Die Renditen werden in der Regel auch für längere Zeiträume angegeben. Hier sind zwei Verfahren zu unterscheiden: Die *kumulierte* Wertentwicklung ist die Rendite, die über die gesamte Zeitspanne erzielt wurde. Bei der annualisierten Rendite handelt es sich um jährliche Durchschnittswerte, die mit einer geometrischen Formel berechnet werden. Qontigo gibt bei seinen Indizes in der Regel nur *annualisierte* Renditen bis maximal fünf Jahre an. Für eine belastbare Abschätzung der künftigen Entwicklung wäre jedoch eine Zeitspanne von zehn Jahren erforderlich.

Wie viel Steuern muss ich zahlen?
Kapitalerträge wie etwa Zinsen, Dividenden und realisierte Kursgewinne müssen grundsätzlich versteuert werden. Seit 2009 greift die Abgeltungssteuer in Höhe von 25 Prozent plus Solidaritätszuschlag und eventuell Kirchensteuer. Sie wird automatisch von der kontoführenden Bank abgeführt. Leser, die sich über Details der Besteuerung von ETFs informieren möchten, wenden sich am besten an ihre Bank oder einen Steuerberater.

Spielt die Fondsgröße eine Rolle?
Das Volumen, das ein ETF aufweist, hat unmittelbar nichts mit dem Anlageerfolg zu tun. Ein Indexfonds, der nur eine geringe Größe aufweist, stellt aber in doppelter Hinsicht ein Problem dar: Zum einen lässt sich ein Fonds nur ab einem bestimmten Volumen wirtschaftlich betreiben. Ein ETF, mit dem der Anbieter dauerhaft Verluste macht, wird womöglich irgendwann geschlossen. Dann ist eine Anlegerin zwar nicht ihr Geld los, da das Sondervermögen veräußert wird und die Erlöse an die Investoren verteilt werden, doch sie muss sich einen neuen ETF suchen, was gewisse Kosten und Mühe verursacht.

Überdies ist bei kleinen Fonds die Liquidität an der Börse im Allgemeinen sehr gering. Ein ETF mit einem Volumen von zehn Milliarden Dollar wird pro Tag mehrfach gehandelt. Ein Indexfonds, der bei den Anlegern nur zehn Millionen einsammeln konnte, findet pro Woche vielleicht nur einen einzigen Liebhaber. Zwar haben die Fondsanbieter in der Regel Marketmaker mit der Kurspflege beauftragt. Sie stellen bei einer Verkaufsorder Kurse, wenn sich partout kein anderer Käufer findet. Dies funktioniert in ruhigen Zeiten ganz gut. Wenn es aber an der Börse blitzt und donnert, versuchen viele Anleger gleichzeitig, ihre ETFs zu verkaufen.

Dann kommen die Marketmaker womöglich nicht mit der Kurspflege nach, zumal sie hierfür ja auch nicht unbegrenzte finanzielle und personelle Ressourcen haben. In der Folge könnten kleine ETFs stärker an Wert verlieren als die Aktien, die sie enthalten, warnt zum Beispiel die Deutsche Bundesbank. Wie die an den amerikanischen Börsen regelmäßig auftretenden Flash Crashs (Blitzkräche) zeigen, ist dies nicht bloß Theorie, sondern trifft in der Praxis sogar recht große Indexfonds. Bei einem aktiv verwalteten Fonds kann sich ein Anleger an jedem Börsentag nach Handelsschluss an den Anbieter wenden und von diesem verlangen, dass er seine Anteile zum „echten" inneren Wert (dem sogenannten Nettoinventarwert) zurücknimmt. Bei ETFs für Privatanleger ist dies nicht möglich. Wenn sie an der Börse keine Kaufinteressenten finden, bleiben diese auf ihren Fonds sitzen.

Wie hoch sollte der Anteil von Anleihen in meinem Portfolio sein?

Die Antwort hängt davon ab, wie hoch die Risikotragfähigkeit einer Anlegerin ist. Diese Frage lässt sich aber nicht pauschal beantworten, sondern hängt von vielen persönlichen Faktoren wie dem Einkommen, dem Alter, dem Familienstand und den finanziellen Verpflichtungen ab. Bei einer mittleren Risikotragfähigkeit wird oft empfohlen, das Portfolio zur Hälfte zwischen Aktien-ETFs und risikoarmen Bundesanleihen aufzuteilen. Deutschland gehört zu den wenigen Ländern, die von den Ratingagenturen die Spitzennote AAA bekommen. Daher brauchte der Bund den Investoren lange Zeit nur mikroskopisch kleine oder überhaupt keine Zinsen zu bieten. Dann aber gab es ein böses Erwachen, als die explodierenden Ölpreise 2022 eine hohe Inflation auslösten. Um die Teuerung zu bekämpfen, setzten die Zentralbanken die Zinsen massiv herauf. Anfang 2024 betrug der Leitzins der EZB 4,5 Prozent.

Der drastische Anstieg hatte fatale Folgen für die Kurse der Staatsanleihen. Wenn die Leitzinsen in die Höhe klettern, dann steigen auch die Renditeerwartungen der Investoren. Sie verschmähten plötzlich die noch kurz zuvor hochgeschätzten Bundesanleihen, deren Kurse ins Souterrain purzelten. Zwar zweifelte niemand daran, dass der Bund die Papiere einlöst, wenn deren festgelegte Laufzeit endet. Doch je weiter der Fälligkeitstermin in der Zukunft liegt, desto tiefer fallen die Notierungen. Einige Titel mit einer Laufzeit von 30 Jahren, die 2021 emittiert worden waren, notierten laut der Bundesbank im Januar 2024 zu 52 Prozent des Nominalwerts!

Zwar bekommen die Anleger (oder ihre Erben) den vollen Betrag zurück, wenn diese Titel im Jahr 2050 fällig werden. Doch bis dahin fließt ja noch ein wenig Wasser die Spree hinunter. Und vielleicht benötigt ein Investor in der

Zwischenzeit dringend Bargeld. Dann kann er diese Bundesanleihen nur mit hohem Verlust abstoßen. Wer sich vor dieser Gefahr schützen möchte, muss Staatsanleihen mit kurzen Laufzeiten bis zu drei Jahren kaufen. Dort sind die Wertverluste erheblich geringer als bei den Langläufern.

Zwar werden auch zahlreiche Indexfonds auf Anleihen angeboten. Doch diese bestehen meist aus Titeln mit unterschiedlich langen Laufzeiten. Außerdem sind dort oft auch Bonds enthalten, die auf andere Währungen als den Euro lauten. Überdies bestehen diese Produkte häufig aus einer Mischung von Staats- und Unternehmensanleihen. Die Anleihenkomponente eines Portfolios soll aber für Sicherheit sorgen. Daher kommen die mit recht hohen Risiken behafteten Unternehmensanleihen ebenso wenig infrage wie lang laufende Staatsanleihen oder Titel, die auf Dollar, Pfund oder Yen lauten. Sichere Alternativen zu Anleihen sind im Übrigen Festgelder und Sparbücher, wo es seit 2022 wieder ansehnliche Zinsen gibt.

Ist ein ETF auf Kryptowährungen zu empfehlen?

Auf keinen Fall. Zum einen sind digitale Kunstwährungen wie der Bitcoin ein reines Spekulationsobjekt. Zum anderen handelt es sich bei den angeblichen ETFs um sogenannte Exchange Traded Notes (ETN). Der Unterschied zwischen diesen beiden Produkten ist immens: ETFs sind mit einem Sondervermögen besichert, das stets in voller Höhe die Forderungen der Anleger decken muss. Eine ETN ist jedoch nichts anderes als ein Kredit des Anlegers an die Finanzinstitution, die dieses Wertpapier begeben hat. Diese Kredite sind zwar mitunter besichert. Das ist aber nicht gesetzlich vorgeschrieben und in der Praxis auch nicht die Regel. Ein unbesicherter Kredit aber stellt aus Sicht des Anlegers stets ein beträchtliches Risiko dar.

Und was ist mit den ETCs auf Rohstoffe?
Auch auf Rohstoffe und Edelmetalle sind börsengehandelte Wertpapiere erhältlich, die auf den einschlägigen Websites gerne als ETFs bezeichnet werden, in Wahrheit aber keine sind. ETFs auf Rohstoffe dürfen in der EU aus rechtlichen Gründen gar nicht angeboten werden. Vielmehr handelt es sich um sogenannte Exchange Traded Commodities (ETC). Dies sind Zertifikate, die von eigens gebildeten „Investment-Vehikeln" begeben werden. Ebenso wie bei ETNs gibt es hier kein Sondervermögen. Die Emittenten haften lediglich mit ihrer Bilanz. Laut Angaben der Frankfurter Börse müssen alle ETNs, die an dieser Plattform gehandelt werden, allerdings besichert sein.

Teil II: Ein Fundament für sichere Investments

2.1 Einleitung und Überblick

Bequem, kostengünstig und mit möglichst geringen Risiken in Aktien investieren – so lautet das große Versprechen, das die Anbieter von Indexfonds machen. Wer einen ETF kauft, muss nicht wissen, welche Unternehmen an der Börse die besten Chancen haben: Sind dies das Softwarehaus SAP, der Elektrokonzern Siemens oder der Flugzeugbauer Airbus? Wer einen breit aufgestellten Indexfonds wie den Dax kauft, investiert mit einem Schlag in die wichtigsten Aktiengesellschaften Deutschlands. Er braucht nicht lange zu analysieren, welche Aussichten die einzelnen Branchen haben. Sollte ich Chemieunternehmen, Banken oder Versicherungen vielleicht besser meiden? Und stattdessen lieber in die Informationstechnologien, die Gesundheitsvorsorge oder die Energiewirtschaft investieren? Noch viel weniger müssen Anleger prüfen, welche Unternehmen innerhalb einer bestimmten Industrie am ehesten imstande sind, die Herausforderungen der Zukunft zu bewältigen. Welcher Autohersteller hat bei der Elektromobilität die Nase vorn? Wird BMW die schwierige Umrüstung auf klimafreundliche Antriebstechnologien am besten meistern? Oder schafft dies eher Mercedes?

Leider ist die Sache nicht so einfach, wie sich dies zunächst anhören mag. Wer einen ETF auf den Dax kauft, braucht zwar nicht zwischen einzelnen Branchen und

Unternehmen zu wählen. Er muss sich aber eine Meinung zu anderen, grundsätzlichen Fragen bilden: Wie steht es um die deutsche Wirtschaft? Ist sie gut gerüstet für die Zukunft? Wird die Energiewende gelingen? Können sich die deutschen Unternehmen im zunehmend scharfen Wettbewerb auf den Weltmärkten behaupten? Stellt sich die hohe Abhängigkeit unserer Industrie von Exporten jetzt als Belastung heraus? Sind andere Länder und Regionen der Welt womöglich besser für ein Investment geeignet?

Nur wenige Experten stellen der deutschen Wirtschaft derzeit ein gutes Zeugnis aus. 2023 schlitterte das Land in eine Rezession. Zugleich verharrte die Inflation auf hohem Niveau. Die kräftig gestiegenen Zinsen brachten den Wohnungsbau weitgehend zum Erliegen; auch die Industrie hält sich bei Investitionen zurück. Wer mit einem ETF in Aktien investieren möchte, tut also gut daran, über die deutschen Grenzen hinauszublicken.

Doch welcher regionale oder internationale Börsenindex kommt statt des Dax infrage? Sollte ich, wie so viele private Anleger, einen Indexfonds auf den beliebten MSCI World kaufen? Ist es eine gute Idee, in einen ETF auf die jungen Industrienationen des Fernen Ostens zu investieren? Beachten sollten die Investoren ebenfalls, dass auch Europa gute Chancen für Investments bietet. Der Kontinent besteht ja nicht nur aus der Bundesrepublik, die ökonomisch hinter andere europäische Länder zurückgefallen ist. In diesem Teil des Buches sollen die Argumente erörtert werden, die für und gegen ein Investment in die wichtigsten regionalen und internationalen Aktienindizes sprechen.

Viele deutsche Spitzenunternehmen sind nicht im Dax
In Deutschland sind zahllose Unternehmen aktiv, die auf ihrem Gebiet Großes leisten und häufig zu den internationalen Marktführern gehören. Hierzu gehören der Stuttgarter Elektronikkonzern Bosch, der in die Zukunftsgebiete künstliche Intelligenz und Quantum Computing vorstoßen will. Die schwäbische Firma Trumpf, ursprünglich im Maschinenbau zu Hause, hat den Sprung in die Lasertechnologie geschafft. Carl Zeiss, ebenfalls in Baden-Württemberg ansässig, ist in Optik und Photonentechnologie weltweit führend. Der westfälische Mittelständler Beckhoff macht bei Industriecomputern Konzernen wie Siemens, ABB und Rockwell sehr erfolgreich Konkurrenz. Leider haben die Anleger keine Chance, von den Spitzenleistungen dieser Firmen zu profitieren, denn keines der Unternehmen ist an der Börse notiert.

Im Dax dominieren hingegen alte Industrien wie der Automobilbau und die Chemie. Dies ist eine der Ursachen dafür, dass der deutsche Leitindex unter mehreren grundsätzlichen Problemen leidet. Zum einen sind dort übermäßig Branchen vertreten, die in hohem Maße vom Verlauf der Konjunktur abhängig sind. Hierzu zählen neben der Autoindustrie die Produzenten von Investitionsgütern wie Lastwagen, Flugzeugen, Bahntechnik, Produktionsanlagen und Kraftwerkstechnik. Zugleich haben die Unternehmen stark auf Absatzmärkte in Regionen wie den Fernen Osten gesetzt, wo die politischen Spannungen in jüngster Zeit zugenommen haben. Schließlich sind die ökologischen Risiken im Dax erheblich höher als in vielen anderen nationalen und internationalen Aktienindizes. Rund die Hälfte der 40 Unternehmen, die im deutschen Leitindex vertreten sind, müssen ihre Produkte und Produktionsverfahren in den nächsten Jahren auf klimafreundliche Technologien umstellen. Dies erfordert Investitionen von mehreren Hundert Milliarden Euro. Das eine oder andere Unternehmen könnte bei der ökologischen Transformation durchaus scheitern (siehe Abschnitt 2.2).

Bessere Alternativen
Beim MSCI World sind die ökologischen, geopolitischen und konjunkturellen Risiken wesentlich geringer. Der „Weltindex" umfasst annähernd 1500 Unternehmen aus 23 Industrieländern. Die große Anzahl garantiert einen ausgewogenen Branchenmix. Auf die Autoindustrie, die den Dax so sehr belastet, entfällt im MSCI World nur ein verschwindend geringer Anteil. Auch die Hersteller von Industriegütern haben dort kein solches Übergewicht. Großen Raum nehmen hingegen Konsumgüter des täglichen Bedarfs und andere Branchen ein, die nur in geringem Maße konjunkturellen Schwankungen unterliegen. Dies verleiht dem MSCI World eine verhältnismäßig hohe Stabilität in unsicheren Zeiten. Die weitaus größte Branche bilden die Informationstechnologien, die im Dax lediglich mit dem Softwarehaus SAP und dem Chiphersteller Infineon vertreten sind. Der MSCI World umfasst hingegen mehr als 150 IT-Unternehmen. Nicht zuletzt bescherte dieser Index den Anlegern in den vergangenen Jahren deutlich bessere Renditen als der Dax (siehe Abschnitt 2.3).

Allerdings hat auch der MSCI World gravierende Probleme. Hierzu gehört das erdrückende Übergewicht der

USA, die einen Anteil von 70 Prozent an dem Index haben. Die zehn größten Positionen des Index bestehen zum allergrößten Teil aus amerikanischen IT-Konzernen wie Apple, Microsoft und Amazon. Die Finanzindustrie hat verschiedene Alternativen entwickelt, mit denen versucht wird, die Unwuchten des MSCI World zu reduzieren. Manche dieser Indizes enthalten 5000 bis 10.000 verschiedene Aktien. Dennoch gelingt es meist nur unzureichend, die Vorherrschaft der USA abzubauen. Stattdessen leiden häufig die Renditen (Abschnitt 2.4).

In den Augen vieler Anleger hat der MSCI World den weiteren Nachteil, dass er nur die Industrienationen umfasst. Die Schwellenländer in Asien, Lateinamerika und anderen Regionen werden separat vom MSCI Emerging Markets abgedeckt. Wer in den vergangenen Jahren einen ETF auf diesen Index gekauft hat, konnte am staunenswerten Aufstieg der jungen Industrienationen Asiens partizipieren. Korea und Taiwan zählen heute bei Zukunftstechnologien wie Chips, Computern und Smartphones zu den wichtigsten Anbietern der Welt, Indien hat in der Software eine führende Position erobert und Chinas Autohersteller überrollen die Weltmärkte mit preisgünstigen Elektromodellen. Doch es gibt Zweifel, ob diese Länder ihr hohes Entwicklungstempo in den kommenden Jahren halten können. Experten erinnern an Japan, dessen Wirtschaft nach drei Jahrzehnten eines historisch beispiellosen Wachstums in den 1990er-Jahren die Puste ausging. China scheint nach dem Ausbruch der Pandemie bereits in eine anhaltende Krise geraten zu sein. Obendrein belasten die zunehmenden geopolitischen Spannungen den gesamten

Fernen Osten. Ein Investment in den MSCI Emerging Markets ist daher zumindest derzeit nicht zu empfehlen (siehe Abschnitt 2.5).

Wer in seinem Portfolio ein Gegengewicht zum USA-lastigen MSCI World bilden möchte, sollte sich besser in Europa umsehen. Gleich mehrere Börsenindizes bilden die Spitzenunternehmen der europäischen Wirtschaft ab. Der Euro Stoxx 50 enthält 50 große Aktiengesellschaften aus der Eurozone. Der größte Sektor sind die Informationstechnologien. Die Renditen waren in den vergangenen Jahren nicht viel niedriger als beim MSCI World. Ein Index mit der ähnlich klingenden Bezeichnung Stoxx Europe 50 umfasst Aktiengesellschaften aus ganz Europa. Hier ist der Sektor Gesundheitsvorsorge, der vor allem aus der Pharmaindustrie besteht, mit einem Anteil von nahezu einem Viertel mit Abstand die größte Branche. Wegen der unterschiedlichen Schwerpunkte ist der Stoxx Europe 50 die wohl beste Ergänzung zum MSCI World, bei dem die Informationstechnologien im Vordergrund stehen. Eine Anlegerin, die ihre Investments auf diese beiden Börsenindizes verteilt, hat in ihrem Portfolio einen ausgewogenen Mix, der zum einen die beiden wichtigsten Zukunftsbranchen Gesundheit und Informationstechnologien umfasst und zum anderen die großen Wirtschaftsräume Europa und USA abbildet (siehe Abschnitt 2.6).

2.2 Eine Ballung von Risiken im Dax

Auf den ersten Blick bietet der Deutsche Aktienindex (Dax) eine robuste Basis für breit gestreute Investments.

Er besteht aus den 40 größten Aktiengesellschaften der Bundesrepublik, zu denen nicht nur Industriekonzerne gehören, sondern auch Banken, Versicherungen und Dienstleistungsunternehmen. Wegen seiner großen Bedeutung für die Kapitalmärkte wird der Dax oft als Leitindex bezeichnet. Tatsächlich aber ist die Vielfalt recht begrenzt. Es dominieren einige wenige Branchen, die zudem großenteils mit hohen konjunkturellen, geopolitischen und ökologischen Risiken behaftet sind. Um diese These zu erläutern, müssen wir kurz einen Blick darauf werfen, wie der Dax berechnet wird und welche Voraussetzungen Aktiengesellschaften erfüllen müssen, um darin aufgenommen zu werden.

Umsätze, Bilanzsumme und Zahl der Mitarbeiter – dies sind zentrale Größen, anhand derer die ökonomische Bedeutung von Unternehmen im Allgemeinen gemessen wird. Diese Kennzahlen spielen für die Aufnahme in den Dax allerdings keine Rolle. Maßgeblich ist im Prinzip ein einziges Kriterium: der Wert eines Unternehmens an der Börse, die sogenannte Marktkapitalisierung. Diese Größe ergibt sich, einfach formuliert, indem der Börsenkurs einer Aktiengesellschaft mit der Anzahl der umlaufenden Aktien multipliziert wird. Hat ein Unternehmen zehn Millionen Anteilsscheine ausgegeben und beträgt der aktuelle Aktienkurs 323 Euro, dann beläuft sich der Börsenwert dieser Firma auf 3,23 Milliarden Euro.

Bei der Berechnung der Marktkapitalisierung berücksichtigt die Deutsche Börse, die für den Dax verantwortlich ist, allerdings, einer internationalen Gepflogenheit folgend, nur den sogenannten Streubesitz oder Freefloat. Dies sind jene Aktien, die tatsächlich an der Börse gehandelt werden. Bei mehreren Dax-Gesellschaften liegen große Aktienpakete in den Händen von Investoren, die sich langfristig gebunden haben. So hält der Bund nach wie vor rund ein Viertel der Aktien der Deutschen Post; bei der Telekom ist es sogar etwa ein Drittel. Volkswagen hat gleich mehrere Investoren, die ihre Aktienpakete dauerhaft halten wollen: die Familien Porsche und Piëch, das Land Niedersachsen und der Staatsfonds von Qatar. Sie besitzen zusammen rund 90 Prozent der stimmberechtigten Stammaktien; lediglich knapp 10 Prozent entfallen auf den Streubesitz. Bei vielen anderen Dax-Unternehmen beträgt der Freefloat hingegen 90 bis 100 Prozent.

Regelmäßig überprüft eine Expertenkommission der Deutschen Börse, ob die Aktiengesellschaften im Dax alle einen ausreichend hohen Börsenwert aufweisen. Sollte dies bei einem Unternehmen nicht der Fall sein, muss es den Index verlassen. In den vergangenen Jahren traf es unter anderem ThyssenKrupp. Aufgrund von Missmanagement, einer unklaren Strategie und einer ungewissen Zukunft senkten die Börsianer den Daumen. Der Essener Mischkonzern wird jetzt im M-Dax notiert, der Börsenliga für mittelgroße Aktiengesellschaften. Dort ist auch die Deutsche Lufthansa gelandet, die nach Ausbruch der Pandemie von den starken Einschränkungen des Flugverkehrs gebeutelt wurde.

Absteigern wie der Lufthansa und ThyssenKrupp stehen Aufsteiger gegenüber, die dank eines gestiegenen Börsenwertes den Sprung aus dem M-Dax in die erste Liga geschafft haben. Hierzu gehörten in den vergangenen Jahren das Internetversandhaus Zalando aus Berlin, das mit Bekleidung, Schuhen und Kosmetika handelt. Ebenfalls den Aufstieg geschafft hat die Düsseldorfer Panzerschmiede Rheinmetall. Die Aktienkurse schossen in die Höhe, nachdem im Februar 2022 russische Truppen in die Ukraine einmarschiert waren und die Bundesregierung eilends eine massive Erhöhung der Verteidigungsausgaben ankündigte. Investoren, die einen ETF auf den Dax gekauft haben, brauchen sich um die Anpassung des Index nicht zu kümmern. Aktien, die zu schlecht bewertet sind, werden in einem ETF automatisch gegen Titel ausgetauscht, deren Börsenkurse gestiegen sind. Dies ist einer der Vorteile eines Indexfonds.

Tabelle 2.1 Hohe Kopflastigkeit
Die zehn größten Unternehmen im Dax

Unternehmen	Anteil am Index
SAP	10,9 Prozent
Siemens	8,4 Prozent
Airbus	7,5 Prozent
Deutsche Telekom	7,2 Prozent
Allianz	6,0 Prozent
Mercedes-Benz Group	4,3 Prozent
Siemens Healthineers	3,9 Prozent
BMW	3,7 Prozent
Deutsche Post DHL	3,6 Prozent
Münchener Rückversicherung	3,4 Prozent
Summe	58,9 Prozent

Quelle: Zusammengestellt nach Angaben der Deutschen Börse *Stand: 15. Januar 2024*

Tabelle 2.2 Dominanz der alten Industrien
Aufschlüsselung des Dax nach Sektoren

Sektor	Anteil am Index
Industriegüter und -dienstleistungen	23,3 Prozent
Finanzdienstleistungen	16,1 Prozent
Autoindustrie	13,8 Prozent
Informationstechnologien	13,8 Prozent
Gesundheitswesen	9,5 Prozent
Kommunikationsdienste (Telekom, Internet)	7,0 Prozent
Grundstoffe	6,2 Prozent
Versorgungsunternehmen	4,1 Prozent
Nicht zyklische Konsumgüter	2,8 Prozent
Zyklische Konsumgüter (ohne Autos)	2,5 Prozent
Immobilienwirtschaft	1,5 Prozent

Quelle: Deutsche Börse, eigene Berechnungen — *Stand: 31. Dezember 2023*

Die Gewichtung der Aktiengesellschaften entsprechend ihrem Börsenwert führt freilich zu einer starken „Kopflastigkeit": Einige wenige Unternehmen haben im Dax ein überproportional großes Gewicht. So kam das badische Softwarehaus SAP im Januar 2024 auf einen Anteil von 10,9 Prozent. Auf den Elektrokonzern Siemens entfielen 8,4 Prozent, auf den Flugzeughersteller Airbus 7,5 Prozent. Die zehn wertvollsten Firmen hatten zusammen einen Anteil von fast 60 Prozent am Index und somit ein größeres Gewicht als die übrigen 30 Dax-Unternehmen. Hierin liegt eine gewisse Gefahr für die Investoren: Fällt der Kurs eines der Spitzenreiter, reißt dies den ganzen Index mit in die Tiefe. Damit einzelne Unternehmen nicht ein Übergewicht bekommen, ist im Dax eine Kappung vorgesehen.

Eine Aktiengesellschaft darf nur mit einer Gewichtung von maximal 15 Prozent in die Indexberechnung eingehen. Bis 2023 lag dieses Limit bei zehn Prozent. Da SAP diese Schwelle damals erreichte, wurde die Kappungsgrenze von der Deutschen Börse kurzerhand heraufgesetzt.

Tabelle 2.3 Eine Zukunftstechnologie steht an der Spitze
Aufschlüsselung des MSCI World nach Sektoren

Sektor	Anteil am Index
Informationstechnologien	23,0 Prozent
Finanzdienstleistungen	15,2 Prozent
Gesundheitswesen	12,1 Prozent
Industriegüter und -dienstleistungen	11,1 Prozent
Zyklische Konsumgüter (ohne Autos)	10,9 Prozent
Kommunikationsdienste	7,2 Prozent
Nicht zyklische Konsumgüter	6,5 Prozent
Energie	4,5 Prozent
Grundstoffe	4,1 Prozent
Versorgungsunternehmen	2,6 Prozent
Immobilienwirtschaft	2,5 Prozent
Autoindustrie	2,3 Prozent

Quelle: MSCI World, eigene Berechnungen   Stand: 31. Dezember 2023

Ist es zu empfehlen, in den Dax zu investieren? Oder sollte ich einen ETF auf einen Börsenindex wie den MSCI World bevorzugen? Erste Antworten auf diese Fragen liefern die Tabellen 2.2 und 2.3. Die erste schlüsselt die Branchenstruktur des Dax auf. Die zweite enthält zum Vergleich den Branchenmix des MSCI World. Sie beruhen, damit ein sinnvoller Vergleich möglich ist, auf der gleichen

Systematik, nämlich dem weltweit anerkannten Global Industry Classification Standard (GICS). Hiervon wird nur in einem Punkt abgewichen: Die Autoindustrie, die im GICS Teil des Sektors Zyklische Konsumgüter ist, wird wegen ihrer großen Bedeutung für den Dax als separate Branche betrachtet. Schon auf den ersten Blick wird deutlich, dass sich die beiden Indizes bei der Zusammensetzung in wesentlichen Punkten voneinander unterscheiden.

Die Hersteller konjunkturanfälliger Industriegüter sind stark überrepräsentiert

Zugespitzt formuliert, produziert die deutsche Industrie nicht für Endverbraucher, sondern für andere Unternehmen. Ihre große Spezialität sind Maschinen, Anlagen und Verkehrsmittel jeder Art. In vielen Gebieten belegen Dax-Unternehmen auf den globalen Märkten Spitzenpositionen: Siemens zählt in der Automations- und Bahntechnik zu den führenden Anbietern; Daimler Truck ist der weltweit größte Hersteller von Lastwagen und Omnibussen; Airbus hat den amerikanischen Erzrivalen Boeing bei Passagierflugzeugen überflügelt. Ähnlich verfügt die Deutsche Post DHL bei Logistikdienstleistungen für Unternehmen über eine Spitzenstellung. All diese Branchen werden im GICS-System zu dem Sektor Industriegüter und -dienstleistungen zusammengefasst.

Trotz ihrer technologischen Kompetenz und starken Marktstellungen erleiden viele dieser Unternehmen immer wieder schwere Rückschläge, da sie überwiegend Investitionsgüter produzieren, bei denen die Nachfrage sehr stark von der Konjunktur abhängig ist. Denn in einer Rezession drosselt die Industrie massiv Investitionen in neue Maschinen und Produktionsanlagen und Speditionen stoppen den Kauf neuer Lastwagen, wenn weniger Güter zu transportieren sind. Als nach dem Ausbruch der Pandemie zeitweise keine Flugzeuge starten durften, stornierten die Fluggesellschaften in Serie Bestellungen bei Airbus. Der Aktienkurs des Flugzeugbauers sank im Frühjahr 2020 binnen weniger Wochen um 60 Prozent.

Ein Investment in die Hersteller von Investitionsgütern ist daher nichts für Anleger mit schwachen Nerven, die keine übermäßigen Risiken eingehen möchten. Im Dax kommt der Sektor Industriegüter und -dienstleistungen jedoch auf einen Anteil von 23 Prozent, während dieser im MSCI World nur etwa halb so hoch ist. Das lässt risikoaverse Anleger besser schlafen.

Die Autobauer stehen vor drei gewaltigen Herausforderungen

Neben den Produzenten von Industriegütern sind die Autohersteller eine weitere Schlüsselbranche der deutschen Wirtschaft. Sie bilden eine der wichtigsten Säulen der Exportindustrie. Audi, BMW, Mercedes und Porsche gehören weltweit zu den führenden Anbietern von Luxuslimousinen. Diese Unternehmen verdienen zwar großenteils gut, doch sie werden an den Börsen sehr niedrig bewertet. Die Investoren befürchten offenbar, dass die deutschen Pkw-Hersteller an den drei Herausforderungen scheitern könnten, vor denen die Branche heute steht. Zum einen müssen die Unternehmen ihre Flotten in den kommenden Jahren weitgehend auf emissionsarme Antriebstechnologien umrüsten. 2035 dürfen in der EU faktisch keine Pkws mit Benzin- oder Dieselmotoren mehr verkauft werden. Die Entwicklung neuer Elektromodelle und der Bau von Batteriefabriken werden schätzungsweise bis zu 200 Milliarden Euro verschlingen.

Überdies werden in die Autos zunehmend digitale Assistenzsysteme eingebaut, die zum Beispiel das Einparken übernehmen. Fernziel ist das autonome Fahren, bei dem kein Mensch mehr am Lenkrad sitzen muss. BMW und Mercedes haben beim computerassistierten Fahren schon gute Fortschritte erzielt; andere Marken liegen zurück. Drittens drängen neue Wettbewerber aus China aggressiv auf die globalen Automärkte. Sie wollen die Exporterfolge der japanischen und koreanischen Hersteller wiederholen, die den etablierten Anbietern beträchtliche Marktanteile abgeknöpft haben. Gefährdet sind vor allem Massenhersteller wie Volkswagen.

Wie stark der Dax von den Autobauern abhängig ist, zeigt der Vergleich mit dem MSCI World. Im deutschen Leitindex hatte die Kfz-Industrie Ende 2023 einen Anteil von rund 14 Prozent; im MSCI World waren es nur gut 2 Prozent. Der Ausfall eines Pkw-Herstellers würde sich im Weltindex praktisch nicht bemerkbar machen, für den Dax wäre er ein herber Schlag.

Der einsame Star der IT-Industrie

Zu den erfreulichen Seiten des Dax zählt, dass die Informationstechnologien dort inzwischen ebenso bedeutend sind wie die Autoindustrie. Das Softwarehaus SAP wurde Anfang 2024 an den Börsen mit mehr als 160 Milliarden Euro bewertet; der IT-Konzern ging mit einer Gewichtung von rund 11 Prozent in die Berechnung des Dax ein. Ein Anteil von 3 Prozent entfiel auf den Chip-Hersteller Infineon, der mit rund 50 Milliarden Euro bewertet wurde. Die beiden IT-Unternehmen hatten zusammen einen ebenso großen Börsenwert wie die deutschen Pkw-Hersteller BMW, Mercedes-Benz, Porsche und Volkswagen.

Infineon hat sich in der Mikroelektronik auf Marktnischen spezialisiert. Rund ein Drittel seiner Umsätze macht das Unternehmen mit Autoherstellern, aber es produziert auch elektronische Bauelemente für Ladesäulen, Energienetze und andere industrielle Anwendungen.

Die SAP ist in der Öffentlichkeit weit weniger bekannt als die Kultfirmen aus dem Silicon Valley, gilt aber auf ihrem Gebiet weltweit als Marktführer. Anders als etwa Microsoft bietet der IT-Konzern keine Produkte für Endverbraucher an, sondern hochkomplexe Lösungen für die Wirtschaft. Die Software von SAP ermöglicht es, viele Routineaufgaben bei der Verwaltung eines Unternehmens zu automatisieren, von der Lohnbuchhaltung über den Einkauf bis zur Fertigungsplanung. Die Angebote des IT-Konzerns unterstützen das Management ferner bei Analysen, Prognosen und strategischen Entscheidungen. Die SAP hat sich allerdings erst spät mit dem Zukunftsthema künstliche Intelligenz beschäftigt. Zwar bietet das Unternehmen mittlerweile eine Reihe von KI-Produkten an, doch bei der Entwicklung war es auf technologische Unterstützung durch Google und Microsoft angewiesen. Sollte der einsame Star der deutschen IT-Industrie bei der technologischen Entwicklung künftig nicht mehr mithalten, könnte er rasch die Gunst der Finanzmärkte verlieren. Ein Kurssturz der SAP-Aktie würde ein Beben im Dax auslösen. Hingegen stehen die Informationstechnologien im MSCI World auf einem wesentlich breiteren Fundament: Die Branche besteht dort nicht nur aus 2, sondern aus mehr als 150 Unternehmen.

Schrumpfende Bedeutung der Pharmaindustrie

Wie tief ein einstiger Börsenliebling fallen kann, zeigt in drastischer Weise Bayer. 2015 war der Pharma- und Chemiekonzern so wie heute die SAP das wertvollste Unternehmen im Dax. Bayer hatte seinerzeit einen Börsenwert von mehr als 100 Milliarden Euro; Anfang 2024 wurde das Unternehmen nur noch mit 34 Milliarden bewertet. Ausgelöst hatte den massiven Wertverfall eine fatale Fehlentscheidung: Im Mai 2016 kündigte Bayer an, den amerikanischen Agrochemiekonzern Monsanto zu übernehmen. Mit dem Firmenkauf wollte das Unternehmen die Sparte Saatgut und Pflanzenschutz zum zweiten Standbein neben der Pharmazie ausbauen. Im Management hatte aber offenbar niemand die enormen Risiken erkannt, die in der Akquisition steckten. Zehntausende von Krebskranken reichten bei amerikanischen Gerichten Klage gegen Bayer ein. Die Kläger machten für ihr Leiden den Unkrautvernichter Glyphosat von Monsanto verantwortlich. Das Unternehmen wurde zu immensen Strafzahlungen verurteilt, die große Beulen in die Bilanz schlugen. Zugleich hat Bayer lange Zeit offenbar viel zu wenig in die Entwicklung neuer Arzneimittel investiert. Wenn in den kommenden Jahren der Patentschutz für die alten Medikamente ausläuft, könnte der Umsatz kräftig einbrechen.

Der Absturz der Bayer-Aktie hat massive Konsequenzen für den Sektor Gesundheitswesen. Diese umfassende Branche kam noch vor wenigen Jahren auf einen Anteil von rund 15 Prozent am Dax. Anfang 2024 war die Quote auf 9,5 Prozent geschrumpft. Hiervon entfielen lediglich gut drei Prozentpunkte auf die Arzneimittelhersteller Bayer und Merck. Dies ist für ein führendes Industrieland ein ungewöhnlich niedriger Anteil. In der Schweiz, Frankreich und Großbritannien hat die Pharmaindustrie eine erheblich größere Bedeutung für die Leitindizes. Gebremst wurde der Niedergang des Gesundheitssektors im Dax nur durch die anderen Teilbranchen: Das Medizintechnik-Unternehmen Siemens Healthineers, das seit dem Börsengang 2018 kräftige Kursgewinne verzeichnete, war mit rund 60 Milliarden Euro Anfang 2024 die wertvollste Börsengesellschaft der deutschen Gesundheitswirtschaft. Auch die Laborausrüster Qiagen und Sartorius sowie die Fresenius-Gruppe, die Dialysezentren und Klinikketten betreibt, haben dazu beigetragen, den Sektor zu stabilisieren. Dennoch hat die Gesundheitswirtschaft im Dax eine viel zu geringe Bedeutung. Im Index Stoxx Europe 50, der die 50 größten Börsengesellschaften Europas umfasst, kommt dieser Sektor auf einen Anteil von rund einem Viertel – mehr als doppelt so viel wie im Dax.

Schwache Präsenz defensiver Branchen

Der geringe Anteil des Sektors Health Care am Dax hat aus Sicht der Anleger zwei große Nachteile: Zum einen erzielen die Unternehmen der Gesundheitswirtschaft meist hohe Gewinne und Dividenden. Profitabler sind nur wenige andere Sektoren wie etwa die IT-Industrie. Zweitens ist die Nachfrage nach Arzneimitteln und medizinischen Dienstleistungen sehr stabil. Wer krank ist, muss zur Ärztin oder ins Krankenhaus, gleich wie gut oder wie schlecht es der Volkswirtschaft geht. Da die Umsätze von Pharmaunternehmen und Klinikketten weitgehend unabhängig von den Konjunkturzyklen sind, wird dieser Sektor als „nicht zyklisch" bezeichnet. Solche Branchen bilden in einem Aktienportfolio einen gewissen Schutz vor den konjunkturellen Schwankungen, denen etwa die Autoindustrie, die Banken oder die Hersteller von Industriegütern in hohem Maße unterworfen sind. Aktienexperten sprechen daher auch von einem „defensiven" Sektor. Je größer der Anteil defensiver oder nicht zyklischer Branchen im Portfolio eines Anlegers ist, desto geringer fallen im Allgemeinen die Verluste aus, wenn die Aktienkurse auf breiter Front einbrechen.

Zu den defensiven Sektoren gehören neben der Gesundheitsindustrie die Versorgungsunternehmen, die Strom, Gas und Wasser liefern. Auch die Anbieter von Nahrungs- und Genussmitteln sowie anderen Artikeln des täglichen Bedarfs werden in der Regel zu den nicht zyklischen Branchen gerechnet. Diese Wirtschaftszweige haben im Dax leider ebenfalls nur geringe Bedeutung. Die beiden einzigen Versorgungsunternehmen sind die Stromkonzerne Eon und RWE; sie erreichen zusammen einen Anteil von gerade einmal vier Prozent. Der Sektor Nicht zyklische Konsumgüter besteht im Wesentlichen aus den beiden Firmen Beiersdorf (Körperpflege, Heftpflaster, Tesafilm) und Henkel (Kosmetika, Klebstoffe, Waschmittel). Produzenten von Lebensmitteln und Getränken finden sich im Dax hingegen gar nicht, auch Supermärkte und Discounter sucht man dort vergebens. In der Summe kommen die nicht zyklischen Branchen im deutschen Leitindex auf rund 16 Prozent. Im MSCI World aber stehen die defensiven Sektoren für 22 Prozent der Börsenwerte. Beim Stoxx Europe 50 liegt der Anteil sogar bei mehr als einem Drittel, ist also ungefähr doppelt so hoch wie im deutschen Leitindex.

Das China-Syndrom

Der Dax ist jedoch nicht nur viel konjunkturanfälliger als andere Leitindizes wie der amerikanische S&P 500, der Schweizer SMI oder der MSCI World, er birgt auch erheblich höhere geopolitische Risiken. So hat sich die deutsche Autoindustrie in fahrlässiger Weise vom chinesischen Markt abhängig gemacht. Als einer der ersten westlichen Pkw-Hersteller eröffnete Volkswagen in China 1984 in Schanghai eine Autofabrik. In den folgenden Jahrzehnten entwickelte sich die Volksrepublik zum größten Automarkt der Welt. Die Unternehmen dürfen dort aber im Wesentlichen nur Fahrzeuge verkaufen, die im Lande selbst hergestellt werden. Die Regierung möchte, dass der Auto-Boom sich in möglichst vielen Arbeitsplätzen für die eigene Bevölkerung niederschlägt. Volkswagen war also gezwungen, in China in großem Stil eine Produktion aufzuziehen. Dort rollen mittlerweile erheblich mehr VW-Modelle von den Fließbändern als in Deutschland.

Diese Werke kann Volkswagen allerdings nicht in eigener Regie betreiben, denn China lässt in der Autoindustrie nur Gemeinschaftsunternehmen zu, an denen ausländische Partner maximal 49 Prozent der Anteile halten dürfen. VW hat mithin nur begrenzte Kontrolle darüber, was in diesen Fabriken geschieht. In einem Werk in Urumtschi soll es zu schweren Menschenrechtsverletzungen gekommen sein. Volkswagen bestreitet dies. Urumtschi ist die Hauptstadt der Region Xinjiang, wo die ethnische Minderheit der Uiguren lebt, die von der Regierung massiv unterdrückt wird.

Es sind jedoch nicht nur VW und die Tochtergesellschaft Audi in China aktiv. Auch BMW und Mercedes haben sich massiv in der Volksrepublik engagiert. So stark wie die deutschen Autohersteller sind die Konkurrenten aus Japan, Frankreich und den USA nicht vom chinesischen Absatzmarkt abhängig.

Aber nicht nur der boomende Automarkt lockte die deutsche Industrie. Kein anderes Land hat in den vergangenen Jahrzehnten so viel für die Errichtung von Fabriken und den Aufbau einer modernen Infrastruktur ausgegeben wie China. Für Unternehmen wie Siemens war das ein einziges Eldorado. Der Münchener Elektrokonzern lieferte Automationstechnik für Autofabriken, rüstete Kraftwerke mit Generatoren und Turbinen aus und versah Häfen und Flughäfen mit Elektronikanlagen. Auch für Airbus ist die Volksrepublik längst einer der wichtigsten Märkte. Um den Absatz in China zu fördern, baute Aerospace eigens ein Montagewerk in Tianjin. Die Chemiekonzerne BASF und Bayer zog es ebenfalls mit Macht nach China, dem mit Abstand größten Chemiemarkt der Welt. BASF investierte zusammen mit einem inländischen Partner viele Milliarden in einen riesigen Verbundstandort in der ostchinesischen Metropole Nanjing. Über einen weiteren geplanten Produktionskomplex kam es offenbar zum Streit im Vorstand. Eine Topmanagerin, die als neue BASF-Chefin im Gespräch war, verzichtete laut Medienberichten auf ihre Kandidatur, da sie eine weitere Expansion in China nicht mittragen wollte.

Auch in anderen Unternehmen sorgt die enorme Abhängigkeit von autoritär regierten Ländern für heftige Diskussionen. Nach dem völkerrechtswidrigen Einmarsch russischer Truppen in die Ukraine haben sich die deutschen Unternehmen unter politischem Druck weitestgehend aus Russland zurückgezogen. Freilich hatte sich die deutsche Wirtschaft dort nicht annähernd so stark engagiert wie in China. Dazu ist der russische Markt viel zu klein – die Volksrepublik hat zehnmal so viele Einwohner. Nun fragen sich die Vorstände in nicht wenigen Dax-Unternehmen, ob China es wagen wird, Taiwan zu besetzen. Eine militärische Invasion hätte nicht nur eine humanitäre Katastrophe zur Folge. Voraussichtlich würden die westlichen Regierungen ähnlich scharfe Sanktionen wie im Fall Russlands auch gegen die Volksrepublik verhängen. Dann stünden Geschäfte und Investments im Feuer, die ein Vielfaches so hoch sind wie in Russland.

Die deutsche Großindustrie trägt erheblich höhere geopolitische Risiken als die Wirtschaft anderer westlicher Staaten. Dies sollte jeder Anleger berücksichtigen, der daran denkt, einen ETF auf den Dax zu kaufen.

Die Hälfte aller Dax-Unternehmen sind ökologische Problemfälle

Ein weiteres Risiko, das Investoren unbedingt beachten sollten, besteht im Ausstoß von Kohlendioxid und anderen

Treibhausgasen. Diese Emissionen stellen nicht nur eine große Gefahr für die Erdatmosphäre dar, sondern sind auch ein finanzielles Risiko. Denn in der EU unterliegt der CO_2-Ausstoß, den Kraftwerke, Hochöfen und andere Industrieanlagen verursachen, hohen Abgaben. Diese „Klimasteuern" sollen in Zukunft sukzessive erhöht und auf weitere Branchen wie Verkehr und Immobilien ausgeweitet werden. Die betroffenen Unternehmen müssen entweder die steigenden Abgaben entrichten oder massiv in emissionsarme Produktionsverfahren investieren. Ganz ähnlich wie die Automobilbranche stehen der Lastwagenproduzent Daimler Truck und der Flugzeugbauer Airbus vor der Aufgabe, völlig neue, klimafreundliche Antriebstechnologien einzuführen. Stromversorger wie RWE müssen in den kommenden Jahren unzählige Milliarden in Windparks, Fotovoltaik-Kraftwerke und Stromspeicher stecken. Auf den Chemiekonzern BASF, den Zementproduzenten Heidelberg Materials und das Immobilienunternehmen Vonovia kommen ebenfalls gigantische Investitionen zu.

Nicht alle Unternehmen werden die ökologische Transformation unfallfrei bewältigen. Wie hoch die Gefahr ist, dabei zu scheitern, zeigt in drastischer Weise Siemens Energy, einer der weltweit größten Lieferanten von Kraftwerkstechnik. Die Generatoren und Turbinen des Unternehmens sind aber kaum noch gefragt, wenn künftig wesentlich weniger Gaskraftwerke gebaut werden. Das hat das Management offenbar nicht rechtzeitig und klar genug erkannt. Hastig kaufte Siemens mehrere europäische Hersteller von Windkraftanlagen auf, um möglichst schnell

Ersatz für das voraussichtlich wegbrechende Geschäft mit fossilen Energien zu schaffen. Dabei achtete das Unternehmen wohl nicht immer sorgfältig genug auf die technologische Kompetenz der übernommenen Firmen. Energieversorger, die Windkraftanlagen der Tochtergesellschaft Siemens Gamesa gekauft haben, klagen über gravierende Qualitätsmängel. Es wurden Garantieleistungen in vielfacher Milliardenhöhe fällig. Als im Juni 2023 das ganze Ausmaß des Desasters bekannt wurde, sank der Aktienkurs von Siemens Energy binnen eines Tages um mehr als ein Drittel. Dieser Fall beleuchtet, wie groß die Risiken der ökologischen Transformation für die Anleger sein können. Rund die Hälfte der Dax-Unternehmen gehören zu emissionsintensiven Branchen. Im MSCI World haben diese Industriezweige hingegen nur einen Anteil von ungefähr einem Viertel. Grob gesprochen sind die ökologisch-finanziellen Risiken für die Anleger bei diesem Index nur etwa halb so hoch wie beim Dax.

2.3 Das Tor zur Welt

Viele Anleger leiden unter einem sogenannten Home Bias. Bewusst oder unbewusst bevorzugen sie bei ihren Investments Aktiengesellschaften des Heimatlandes. Diese fatale Neigung können Investoren auf einfache Weise überwinden, indem sie einen ETF auf den MSCI World kaufen. Der Aktienindex bietet Zugang zu rund 1500 großen und mittelgroßen Unternehmen aus rund zwei Dutzend Ländern. Die breite geografische Streuung macht ihn vor allem für Einsteiger attraktiv, die über keine tieferen Kenntnisse der globalen Wirtschaft verfügen, ihre Ersparnisse aber dennoch breit diversifiziert an den internationalen Börsen anlegen möchten. Damit ersparen sich Investoren komplizierte Fragen nach der Aufteilung der Gelder – etwa welchen Anteil deutsche Aktien haben sollen, ob den USA, immerhin die führende Wirtschaftsnation der Welt, der Vorzug zu geben ist oder welche Rolle Asien im Portfolio spielen sollte.

Für diese elegante Lösung haben sich in Europa Millionen privater Anleger entschieden. Der „Weltindex" des New Yorker Finanzdienstleisters MSCI konnte in der EU bislang Investments von schätzungsweise 100 Milliarden Euro mobilisieren. So beliebt wie der MSCI World ist kein nationaler Leitindex in Europa – weder der Dax noch der französische CAC 40 oder der britische FTSE 100. Das Konzept, das hinter diesem Börsenbarometer steht, ist allerdings im Prinzip dasselbe wie bei den nationalen Leitindizes. Ähnlich wie der Dax die größten börsennotierten Firmen Deutschlands abbildet, enthält der MSCI World die wichtigsten Aktiengesellschaften der 23 Industrieländer, die dieser Index umfasst. Ob ein bestimmtes Unternehmen aufgenommen wird oder nicht, richtet sich in erster Linie nach seinem Börsenwert.

Dieses mechanisch angewandte Prinzip hat zur Folge, dass im MSCI World Unternehmen aus den USA dominieren, die an den Börsen oft sehr hoch bewertet werden. Die zehn größten Positionen des Weltindex bestehen ausschließlich aus amerikanischen Konzernen, wie Tabelle 2.4 zeigt. Alles in allem haben Aktiengesellschaften aus den USA einen Anteil von rund 70 Prozent am MSCI World. Wer bereits einen Indexfonds hat, der dieses globale Börsenbarometer abbildet, braucht definitiv keinen ETF auf den amerikanischen Leitindex Standard & Poor's 500. Denn nahezu alle Aktien, die darin enthalten sind, finden sich im Portfolio des MSCI World wieder.

Tabelle 2.4 Amerikanische IT-Konzerne dominieren
Die zehn größten Positionen im MSCI World

Unternehmen	Börsenwert	Anteil am Index
Apple	3.010 Milliarden Dollar	5,0 Prozent
Microsoft	2.654 Milliarden Dollar	4,4 Prozent
Amazon	1.411 Milliarden Dollar	2,3 Prozent
Nvidia	1.223 Milliarden Dollar	2,0 Prozent
Alphabet A (Google)*	829 Milliarden Dollar	1,4 Prozent
Meta Platforms (Facebook)	787 Milliarden Dollar	1,3 Prozent
Alphabet C*	736 Milliarden Dollar	1,3 Prozent
Tesla	710 Milliarden Dollar	1,2 Prozent
Broadcom	495 Milliarden Dollar	0,8 Prozent
JP Morgan Chase	494 Milliarden Dollar	0,8 Prozent

* Alphabet ist im Index mit den beiden Aktienklassen A und C vertreten, die den stimmberechtigten Stammaktien und stimmrechtslosen Vorzugsaktien des deutschen Aktienrechts entsprechen.
Quelle: MSCI Stand: 31. Dezember 2023

Der Weltindex ist aber nicht nur in geografischer Hinsicht sehr unausgewogen. Auch die Branchenstruktur wirkt ziemlich einseitig. Von den zehn größten Unternehmen stammen die allermeisten aus den Informationstechnologien. Ausnahmen sind nur der Autohersteller Tesla und die Großbank JP Morgan Chase. Insgesamt besteht der MSCI World, je nach Definition, zu einem Viertel bis zu einem Drittel aus IT-Unternehmen. Eine solche „Schlagseite" ist nicht ganz unproblematisch: Was ist, wenn es mit den Informationstechnologien plötzlich abwärtsgeht? Dann würde der gesamte MSCI World ins Wanken geraten. Finanzfachleute sprechen von einem „Klumpenrisiko".

Ein unausgewogener Branchenmix ist jedoch bei nationalen und regionalen Börsenindizes fast die Regel. Wie oben erläutert, haben klassische Industrien im Dax eine allzu große Bedeutung. Ganz ähnlich sind im britischen Leitindex FTSE 100 Ölgesellschaften und Bergbaukonzerne wie Shell, BP und Glencore übermäßig stark vertreten. Und der französische CAC 40 leidet unter einem Übergewicht an Luxuskonzernen wie LVMH, Hermès und L'Oréal. Die amerikanischen IT-Konzerne haben aber aller Voraussicht nach erheblich bessere Zukunftsperspektiven als deutsche Autohersteller und britische Rohstoffkonzerne. Rund die Hälfte der Konzerne aus der Spitzengruppe des MSCI World investieren massiv in künstliche Intelligenz. Auf diese Schlüsseltechnologie setzen Amazon, Microsoft und Nvidia ebenso wie Meta Platforms (Facebook) und Alphabet, die Muttergesellschaft von Google.

Wo die Chefs noch echte Unternehmer sind
Überdies sind die amerikanischen Unternehmen, die die Spitze des MSCI World bilden, alle ziemlich jung. Microsoft und Apple wurden 1975 beziehungsweise 1976 gegründet; Amazon, Google und Nvidia erblickten in den 1990er-Jahren das Licht der Welt; Facebook und Tesla ent-

standen sogar erst nach der Jahrtausendwende, nämlich 2003 und 2004. Hingegen reichen die Wurzeln vieler Dax-Konzerne, darunter Daimler, BASF, Siemens, die Allianz und die Deutsche Bank, bis ins 19. Jahrhundert zurück. Andere Unternehmen wie BMW, Porsche und Volkswagen entstanden in der ersten Hälfte des 20. Jahrhunderts. In solch alten Unternehmen haben sich häufig verkrustete Strukturen gebildet, die verhindern, dass rechtzeitig und mit Elan Innovationen vorangetrieben werden, die die Zukunft der Konzerne sichern. Aus Respekt vor den ehrwürdigen Traditionen scheut das Management häufig davor zurück, sich mit unkonventionellen Ideen, Konzepten und Methoden zu befassen. Zu den wenigen echten Neugründungen der vergangenen Jahrzehnte gehört im Dax die SAP, die allerdings schon 1972 aus der Taufe gehoben wurde. Von den fünf Gründern ist jetzt niemand mehr an Bord. Als letzter ging Hasso Plattner, bis zum 15. Mai 2024 Vorsitzender des Aufsichtsrats.

Er war der letzte echte Unternehmer, der in einer der ganz großen deutschen Börsengesellschaften eine entscheidende Rolle spielte. Jetzt haben in den 40 Konzernen des Dax weitestgehend angestellte Manager die Kontrolle. Sie besetzen nicht nur sämtliche Vorstandsposten, sondern dominieren auch die meisten Aufsichtsräte. Das Muster ist meist dasselbe: Der ehemalige Vorstandschef des Unternehmens A leitet den Aufsichtsrat der Firma B. Der Ex-Chef von B wird im Gegenzug Aufsichtsratsvorsitzender bei der Firma A. Es handelt sich um einen geschlossenen Klub, in dem gutes Benehmen und Wohlverhalten Pflicht sind. Keines der Mitglieder tritt einem anderen auf die

Füße; niemand macht Rabatz – eine wirksame Kontrolle des Managements ist unter diesen Umständen kaum möglich. Nur bei wenigen Unternehmen wie BMW und Volkswagen sitzen Vertreter der Eigentümerfamilien in den obersten Führungsgremien. Hierbei handelt es sich jedoch in der Regel um Firmenerben und nicht um die Entrepreneure, die die Unternehmen einst aufgebaut haben.

Ein völlig anderes Bild als der Dax zeigt der MSCI World. Hier sind bei fünf Unternehmen der Spitzengruppe noch die Gründer aktiv. Bei Meta Platforms alias Facebook hat nur einer das Sagen: Mark Zuckerberg kontrolliert nicht nur gut die Hälfte der Stimmrechte, er ist zugleich Chairman und CEO des IT-Konzerns, hat also in seiner Firma die beiden wichtigsten Posten inne. Über eine ähnliche Machtfülle verfügt Jen-Hsun Huang beim Chiphersteller Nvidia, der eine Schlüsselrolle in der Zukunftstechnologie künstliche Intelligenz einnimmt. Jeff Bezos, Gründer und Hauptaktionär von Amazon, ist als Executive Chairman gleichzeitig für die Geschäftsführung des Onlinehändlers verantwortlich. Sergey Brin und Larry Page haben bei der Google-Mutter Alphabet zwar kein förmliches Amt, kontrollieren aber die absolute Mehrheit der Stimmrechte. Ohne die beiden wird bei dem IT-Konzern keine wichtige Entscheidung getroffen.

Ganz ähnlich ist Elon Musk der Motor von Tesla. Er hat es geschafft, die Kfz-Industrie aufzumischen, eine der größten Branchen der globalen Wirtschaft. Der Entrepreneur treibt in Scharen die verknöcherten und verbeamteten Autokonzerne dieser Erde vor sich her. Hätte Tesla nicht gezeigt, dass sich praxistaugliche Pkw mit klimaschonendem Batterieantrieb bauen lassen, wären solche Autos womöglich noch immer eine Marktnische. Ideen, wie Elektroautos zu konstruieren und zu produzieren wären, knobelte Musk bereits als Student aus. Keck baute er im Heimatland von Mercedes, BMW und Volkswagen eine Fabrik, die einmal zu den größten Autowerken der Bundesrepublik gehören soll. Wie kaum ein anderer Unternehmer verkörpert Musk die Tugenden, aber auch die Schattenseiten des Entrepreneurs: Er ist visionär, risikofreudig und tatkräftig, neigt aber auf der anderen Seite zur Selbstüberschätzung, lässt sich mitunter zu üblen Ausfällen gegenüber Menschen hinreißen, über die er sich geärgert hat, und vertritt zuweilen heikle politische Positionen.

Hohe Renditen dank der Informationstechnologien

Die Spitzengruppe des MSCI World unterscheidet sich mithin in drei wichtigen Punkten vom Dax: Die Unternehmen sind erheblich jünger, sie stammen überwiegend aus den Informationstechnologien und sie werden großenteils von Entrepreneuren geführt. Diese markanten Unterschiede sind wesentlich dafür verantwortlich, dass der MSCI World den Investoren in den vergangenen Jahren erheblich bessere Erträge beschert hat als der deutsche Leitindex. Dies zeigt ein Vergleich der Bruttorenditen in den zehn Jahren vom 31. Dezember 2013 bis zum 31. Dezember 2023. In diese Größe fließen sowohl die Kursgewinne ein als auch die Dividenden. Bei der Berechnung wird angenommen, dass die ausgeschütteten Dividenden in den Kauf weiterer Aktien desselben Unternehmens investiert werden. „Brutto" bedeutet, dass die abzuführenden Kapitalertragsteuern nicht berücksichtigt werden. Der MSCI World wird üblicherweise in US-Dollar berechnet. Es gibt aber auch eine Euro-Variante, die für den folgenden Vergleich herangezogen wurde.

Der Dax erzielte von 2013 bis 2023 Bruttorenditen von durchschnittlich rund sechs Prozent pro Jahr. Der MSCI World (EUR) kam hingegen auf nahezu zwölf Prozent – dies war etwa doppelt so viel. Zu berücksichtigen ist jedoch, dass hier Wechselkurseffekte hineinspielen: Während der Referenzperiode ist der Euro gegenüber dem Dollar gefallen. Dies hat zur Folge, dass die Dollar-Renditen des MSCI World an Schönheit gewinnen, sobald sie in Euro umgerechnet werden. Ohne Wechselkurseffekte, also in Dollar gerechnet, warf der MSCI World von 2013 bis 2023 Renditen von gut neun Prozent ab, also immer noch erheblich mehr, als der Dax schaffte.

Maßgeblich für die gute Wertentwicklung des MSCI World ist die IT-Industrie. Wie groß deren Beitrag ist, lässt sich am MSCI World Information Technology Index ablesen. Dieser Branchenindex enthält alle Unternehmen des MSCI World, die dem Sektor Informationstechnologien zugerechnet werden. Es handelt sich um gut 150 Chiphersteller, Hardwareproduzenten, Softwarehäuser, Beratungsgesellschaften und andere IT-nahe Firmen. MSCI gibt für die Branchenindizes meist nur Nettorenditen an, bei denen die Kapitalertragsteuern bereits abgezogen sind. Von 2013 bis 2023 warf der MSCI World Information Technology Nettorenditen von jährlich 18,2 Prozent ab. Der Mutterindex MSCI World schaffte hingegen netto nur 8,6 Prozent, also nicht einmal halb so viel. Da die Informationstechnologien einen Anteil von knapp einem Viertel am MSCI World haben, ist dieser Sektor für rund die Hälfte der Kapitalerträge verantwortlich, die der Weltindex den Anlegern in den vergangenen Jahren bescherte. Anders ausgedrückt: Ohne die IT-Industrie hätten sich die Nettorenditen des MSCI World in der Zeit von 2013 bis 2023 nur auf ungefähr vier bis fünf Prozent im Jahr belaufen.

Führt die KI-Begeisterung zu einer Blase?

Tatsächlich ist der Einfluss der IT-Industrie auf die Erträge des Weltindex wohl noch deutlich größer. Denn die obige Überschlagsrechnung beruht auf Angaben von MSCI, wonach die IT-Industrie Ende 2023 einen Anteil von 23 Prozent an der Marktkapitalisierung des MSCI World hatte. Doch die US-Konzerne Alphabet, Amazon und Meta Platforms, die gemeinhin den Informationstechnologien zugerechnet werden, sind hierbei gar nicht enthalten. Diese Unternehmen werden von MSCI anderen Branchen zugeordnet. So findet sich der Onlinehändler Amazon im Sektor Zyklische Konsumgüter wieder, der die Herstellung von und den Handel mit Gebrauchsgütern umfasst. Alphabet und Meta tauchen bei den Kommunikationsdienstleistungen auf, die vor allem aus Telekombetreibern, Medien und Filmstudios bestehen. Doch nur wenige IT-Unternehmen investieren so viel Geld in die künstliche Intelligenz wie Alphabet, Amazon und Meta. Werden diese und andere ähnlich aufgestellte Unternehmen einbezogen, steigt der Anteil der Informationstechnologien am MSCI World von 23 auf mehr als 30 Prozent.

Ein Anteil von rund einem Drittel aber dürfte für viele konservative Anleger zu hoch sein. Die Informationstechnologien bieten zwar fantastische Perspektiven, erlitten in den vergangenen Jahrzehnten aber immer wieder schwere Rückschläge. Seitdem der KI-Assistent ChatGPT im November 2022 vorgestellt wurde, begeistert sich alle Welt für künstliche Intelligenz. Von Robotern und „Denkmaschinen", die so klug sind wie der Mensch, haben freilich schon in den 1950er-Jahren Wissenschaftler, Ingenieure und Science-Fiction-Autoren geträumt. Angesichts der enormen technischen Probleme erlosch die Begeisterung allerdings rasch. Eine zweite Blüte erlebte die KI in den 1980er-Jahren. Damals kamen Expertensysteme in Mode, die das Wissen und die Erfahrung von Fachleuten einfangen sollten. Das aber gelang niemals so richtig. Klappt es nun im dritten Anlauf mit der künstlichen Intelligenz? Es besteht durchaus die Gefahr, dass die aktuelle KI-Euphorie an den Börsen zu einer Blase führt, die irgendwann mit einem lauten Knall platzt. Ganz ähnlich zerbarst nach dem Millennium die Bubble der New Economy. Doch hat sich die IT-Industrie von solchen Nackenschlägen noch stets erholt.

Wissenschaftliche Untersuchungen haben immer wieder gezeigt, dass die Digitalisierung in den vergangenen Jahrzehnten die wichtigste Ursache dafür war, dass die Produktivität der Wirtschaft anhaltend gestiegen ist. Ohne höhere Effizienz gibt es jedoch langfristig kein Wachstum. Industrieunternehmen, die die Produktionskosten senken wollen, müssen neue Maschinen und Anlagen anschaffen, die weniger Energie und andere natürliche Ressourcen verbrauchen. Eine effizientere Produktion ist aber nur möglich, wenn mehr Elektronik genutzt wird: Strom und Rohstoffe werden durch Chips und Software ersetzt. Die weiter voranschreitende Automatisierung in der Produktion und die digitale Vernetzung der Fabriken mit Kunden und Lieferanten sind nur zwei der Gründe, warum die Informationstechnologien auch in Zukunft zu den wachstumsstärksten und profitabelsten Branchen gehören werden. Weitere Argumente werden in Teil IV erörtert.

Tabelle 2.5 Eine unipolare Welt
Die fünf größten Länder im MSCI World

Land	Anteil am Index
USA	69,9 Prozent
Japan	6,0 Prozent
Großbritannien	4,0 Prozent
Frankreich	3,2 Prozent
Kanada	3,2 Prozent
Andere Länder	13,6 Prozent

Quelle: MSCI — Stand: 31. Dezember 2023

Haben die USA einen zu hohen Anteil?

Viele Anleger scheuen vor einem Investment in den MSCI World zurück, da die USA dort ein erdrückendes Übergewicht haben: Gemessen an der Marktkapitalisierung besteht dieser Index zu rund 70 Prozent aus amerikanischen Unternehmen. Wenn ein einziges Land einen solch hohen Anteil hat, ist das auf den ersten Blick schwer vereinbar mit einer risikomindernden Diversifizierung der Investments. Amerika hat zwar in den vergangenen Jahren ein deutlich besseres Wachstum erzielt als Deutschland und viele andere europäische Länder. Dies wäre eine gewisse Rechtfertigung dafür, dass die USA in erheblich stärkerem Maße im MSCI World vertreten sind als die übrigen hoch entwickelten Industrieländer. Doch auf der anderen Seite sind fundamentale volkswirtschaftliche Schwächen der USA nicht zu übersehen. So ist die öffentliche Verschuldung erheblich höher als in Nord- und Mitteleuropa. Die Schuldenquote (Anteil der Staatsschulden am Bruttoinlandsprodukt) liegt deutlich über den Werten für Deutschland oder die skandinavischen Länder. Überdies erzielen die USA seit mehreren Jahrzehnten im Außenhandel gigantische Defizite.

Ferner könnte China in nicht allzu ferner Zukunft die USA als führende Wirtschaftsmacht ablösen. Gemessen an der Kaufkraft erwirtschaftet die Volksrepublik bereits jetzt ein höheres Sozialprodukt als die Vereinigten Staaten. Zugleich hat Amerika seine industrielle Basis weitgehend verloren. Die Stahlindustrie liegt in Trümmern; die Textilindustrie ist weitgehend abgewandert; die amerikanischen Hersteller von Unterhaltungselektronik haben schon vor Jahrzehnten allesamt aufgegeben. Amerikanische Pkw sind – mit Ausnahme der Elektroautos von Tesla – in Europa oder Asien nahezu unverkäuflich. Symptomatisch für die weit vorangeschrittene De-Industrialisierung der USA ist, dass Apple seine iPhones, iPads und iPods komplett in asiatischen Billiglohnländern fertigen lässt.

Doch in der wichtigsten Technologie unserer Zeit spielen die USA die Hauptrolle: Die amerikanische Westküste ist weltweit der Maschinenraum der Digitalisierung. Nicht wenige amerikanische IT-Konzerne verfügen auf den globalen Märkten über monopolartige Marktstellungen. Amazon ist mit gewaltigem Abstand der größte Onlinehändler der Welt. Microsoft dominiert das Geschäft mit PC-Software. Meta Platforms liegt bei Social Media vorn. Und Alphabet besitzt mit Google und Youtube zwei der stärksten Marken des Internets. Zwar sind auch die Giganten des Silicon Valleys keineswegs unbesiegbar. So sah es für den PC-Pionier Apple zur Jahrtausendwende ziemlich düster aus. Doch das Unternehmen holte seinen geschassten Gründer Steve Jobs zurück; dank des reaktivierten Chefs gelang Apple binnen kurzer Zeit ein sensationelles Comeback. Intel, einst weltweit die Nummer eins bei Chips, verlor die Spitzenposition, da das Unternehmen lange Zeit viel zu wenig in die Forschung und Entwicklung sowie den Ausbau der Produktion investiert hat. Doch neue Konkurrenten wie Nvidia und Qualcomm stellen sicher, dass die USA ihre globale Spitzenposition in der Mikroelektronik erfolgreich verteidigen können. Dank der visionären, wagemutigen und risikofreudigen Entrepreneure, die in den USA so zahlreich sind wie in keinem anderen Land der Welt, werden in Amerika voraussichtlich auch in Zukunft unzählige Start-ups gegründet, von denen einige das nächste Apple, Facebook oder Nvidia werden könnten.

Ein Magnet für die besten Talente der Welt

Obendrein zeichnet sich die amerikanische IT-Industrie durch eine weitere Eigenschaft aus, die in Europa wenig wahrgenommen wird: die immer wieder erwiesene Fähigkeit, die besten Talente der Welt an sich zu ziehen. Für den Aufstieg des Silicon Valleys zum Weltzentrum der IT-Industrie sind zu einem sehr großen Teil Migranten verantwortlich. Andy Grove, einer der drei Gründer von Intel, wurde in Ungarn geboren. Er floh 1956 in die USA, nachdem Sowjettruppen den Aufstand in Budapest blutig niedergeschlagen hatten. Sergey Brin, der gemeinsam mit Larry Page den IT-Konzern Google aufbaute, stammt aus Russland. Sein Vater, Professor für Mathematik an der Lomonossow-Universität in Moskau, stellte einen Ausreiseantrag, da die Familie wegen ihrer jüdischen Wurzeln immer wieder Anfeindungen erleben musste. Der quirlige Multiunternehmer Elon Musk, der an der Wiege des digitalen Zahlungsdienstleisters Paypal, des Elektroauto-Pioniers Tesla und des Weltraumunternehmens X Space stand, wurde in Südafrika geboren. Jen-Hsun Huang, Mitgründer und Chef des Chipherstellers Nvidia, stammt aus Taiwan. Satya Nadella und Sundar Pichai, die Chefs von Microsoft beziehungsweise Alphabet, wuchsen beide in Indien auf. Und rund die Hälfte der Wissenschaftler, Ingenieure und Softwareexperten, die in den Forschungslabors des Silicon Valleys arbeiten, sind Einwanderer aus Europa, Asien und Lateinamerika.

In kaum einer anderen Region der Welt gibt es eine solche Offenheit gegenüber Menschen aus anderen Ländern und Kulturkreisen wie in Kalifornien. Dies sieht in den nach wie vor recht autoritär geprägten Gesellschaften Japans, Koreas und insbesondere Chinas anders aus: Das bloße Nachahmen von Erfindungen, die andere gemacht haben, ist auch in einem repressiven Staat wie der Volksrepublik möglich. Doch echte Innovationen bringen solche Länder eher selten hervor. Hierfür ist wirkliche Freiheit notwendig, ein Klima, in dem jeder offen seine Meinung äußern darf, ohne dass er hierfür umgehend abgestraft wird. Toleranz und Aufgeschlossenheit gegenüber neuen, ungewöhnlichen, zunächst vielleicht befremdlich klingenden Ideen sind womöglich das wichtigste Asset der amerikanischen IT-Industrie, die in der globalen Wirtschaft eine solch herausragende Rolle spielt. Selbst wenn die USA in eine schwere Krise geraten sollten, dürfte der Zustrom von neuen Ideen, Fachleuten und Managern aus anderen Ländern nicht versiegen.

Wer in seinem Portfolio auf Amerika komplett verzichten oder den Anteil der USA zumindest kräftig reduzieren möchte, sollte bedenken, dass er auf diese Weise mit großer Wahrscheinlichkeit in Zukunft auf Rendite verzichten muss. Dies zeigt abermals eine kleine Überschlagsrechnung: Der MSCI World erzielte von Ende 2013 bis Ende 2023 Bruttorenditen von jährlich knapp neun Prozent. Hingegen kam der MSCI USA (dessen gut 600 Positionen alle im Weltindex enthalten sind) im Mittel auf Erträge von fast zwölf Prozent – also deutlich mehr. Ganz anders sieht das in vielen anderen Industrieländern aus, deren Bruttorenditen erheblich unter denen des MSCI World liegen: Japan, Großbritannien und Deutschland kamen von 2013 bis 2023 auf Werte von zwei bis sechs Prozent im Jahr.

Ein Weltindex ohne die USA würde den Anlegern also erheblich niedrigere Erträge bescheren als der MSCI World. Niemand weiß, ob Amerika auch künftig besser abschneidet als die meisten anderen großen Industrienationen. Doch dass Länder wie Deutschland, Japan und Großbritannien in der absehbaren Zukunft eine größere wirtschaftliche Dynamik entfalten als die USA, ist ziemlich unwahrscheinlich.

Langfristiges Engagement minimiert Währungsverluste
Ein weiteres Risiko, das vielen Anlegern Sorgen bereitet, bilden die Wechselkurse. Im MSCI World haben Unternehmen aus dem Dollarraum einen Anteil von 70 Prozent. Nicht einmal ein Zehntel der Marktkapitalisierung entfällt auf Aktiengesellschaften aus der Eurozone. Fällt aber der Kurs der amerikanischen Währung um zehn Prozent, dann verliert ein ETF auf den Weltindex in Euro umgerechnet circa sieben Prozent an Wert. Umgekehrt kann ein europäischer Anleger Währungsgewinne verbuchen, wenn der Dollar steigt.

Seit der Einführung der europäischen Gemeinschaftswährung erlebte der Euro-Kurs eine Achterbahnfahrt. Zunächst fiel er massiv: Ende 2002 gab es für einen Euro nur mehr 0,89 Dollar. Dann erholte sich die Währung unerwartet kräftig. Im Frühjahr 2008 erreichte der Euro einen Höchststand von rund 1,60 Dollar. Sieben Jahre später verzeichnete die europäische Gemeinschaftswährung jedoch erneut einen steilen Absturz. In den vergangenen Jahren lag der Euro-Kurs meist nur knapp über der Parität: Ende 2023 gab es am Bankschalter für einen Euro 1,10 Dollar. Die Euro-Schwäche spielt Anlegern in die Hände, die einen Indexfonds auf den MSCI World gekauft haben. In Euro umgerechnet, sind die Renditen höher als in Dollar. Wäre die Gemeinschaftswährung hingegen so stark wie etwa 2008, würden die Kapitalerträge für europäische Anleger beträchtlich niedriger ausfallen.

Welche Entwicklung ist für die absehbare Zukunft zu erwarten? Das lässt sich beim besten Willen nicht genau prognostizieren. Angesichts der recht schwachen Verfassung der Wirtschaft in vielen Euro-Ländern ist ein starker Anstieg des Euro-Kurses wenig wahrscheinlich. Um für alle Wechselfälle gewappnet zu sein, sollten Anleger Investments in den MSCI World unbedingt langfristig planen: Wenn sie mindestens zehn Jahre investiert bleiben, ist die Wahrscheinlichkeit groß, einen vorübergehenden Dollar-Verfall heil zu überstehen.

Die Wechselkursrisiken haben übrigens nichts damit zu tun, in welcher Währung ein ETF berechnet wird. Entscheidend ist, welche Beträge sich ergeben, wenn der aktuelle Kurs eines Indexfonds in Euro angegeben wird.

Manche ETFs auf den MSCI World werden mit einer Absicherung gegen Wechselkursänderungen angeboten. „Hedging" heißt dieses Instrument, das vor allem von institutionellen Investoren genutzt wird. Für private Anleger eignet sich eine Wechselkursabsicherung nicht, denn hierfür verlangen die Anbieter recht hohe Gebühren und Laien können in der Regel kaum beurteilen, ob sich die Kosten tatsächlich lohnen.

Unter dem Strich eine gute Wahl für Einsteiger

Ungeachtet aller Mängel ist der MSCI World eine gute Möglichkeit, weltweit breit diversifiziert in Aktien zu investieren. Dies gilt insbesondere für Einsteiger, die bislang noch nicht in Indexfonds investiert haben. Es ist keine schlechte Idee, zunächst einmal einen begrenzten Betrag in einen einzigen ETF zu stecken, um Erfahrungen mit diesem Instrument zu gewinnen. Das Fundament kann aus einem Indexfonds bestehen, der den Weltindex abbildet. Diese Basis lässt sich später durch weitere Bausteine ergänzen, wie weiter unten erläutert wird. In Deutschland sind rund zwei Dutzend ETFs erhältlich, die den MSCI World abbilden. Tabelle 2.6 enthält sechs empfehlenswerte ETFs auf den Weltindex. Statt der oft schwer verständlichen und leicht zu verwechselnden Bezeichnungen der Indexfonds ist in der Tabelle die International Securities Identification Number (ISIN) angegeben, anhand derer jedes Wertpapier eindeutig identifiziert werden kann. Mithilfe dieser Kennnummer können die ausgewählten Indexfonds beim Onlinebroker oder der Bank bestellt werden. Überdies lassen sich damit im Internet weitere Informationen aufrufen, so zum Beispiel das Factsheet, ein monatlich aktualisiertes Dokument des Anbieters, das wesentliche Informationen zu dem ETF enthält. Auch aktuelle Daten zur Kursentwicklung lassen sich mit einer Suchmaschine ermitteln.

Unsere kleine Auswahl richtet sich nach mehreren objektiven Kriterien, die für jeden Anleger nachvollziehbar sein sollten. Erstens wurde darauf geachtet, wie hoch die jährlichen Gebühren sind. Da die Produkte weitestgehend identisch sind (jeder ETF bildet ja den gleichen Index ab), kommt es vor allem auf die Kosten an. Bei Indexfonds auf den MSCI World liegen die Verwaltungsgebühren, die die Anbieter erheben, zwischen 0,12 und 0,50 Prozent. In der Tabelle sind nur Produkte aufgeführt, deren Gesamtkosten maximal 0,15 Prozent im Jahr betragen. Der größte ETF auf den MSCI World mit einem Volumen von mehr als 60 Milliarden Dollar ist daher nicht in der Liste enthalten, da der Anbieter BlackRock Gebühren von 0,20 Prozent verlangt. Leser, die die einschlägigen Websites studiert haben, werden vielleicht zwei Indexfonds der UBS vermissen, bei denen die Gebühren angeblich nur 0,10 Prozent betragen. Laut Angaben der Schweizer Bank belaufen sich die Kosten jedoch auf 0,30 Prozent im Jahr.

Tabelle 2.6 Empfehlungen für den Anleger-Favoriten
Sechs kostengünstige Indexfonds auf den MSCI World

Anbieter	ISIN	Verwendung der Gewinne	Kosten pro Jahr
Amundi	IE000CNSFAR2	Ausschüttend	0,12 Prozent
Amundi	LU1781541179	Thesaurierend	0,12 Prozent
DWS Group	IE00BK1PV551	Ausschüttend	0,12 Prozent
HSBC	IE00B4X9L533	Ausschüttend	0,15 Prozent
HSBC	IE000UQND7H4	Thesaurierend	0,15 Prozent
State Street	IE00BFY0GT14	Thesaurierend	0,12 Prozent

Quelle: Zusammengestellt nach Angaben der Anbieter *Stand: 31. Dezember 2023*

Überdies sind in der Liste nur Indexfonds enthalten, bei denen der Anbieter die abgebildeten Wertpapiere tatsächlich in seinem Portfolio hält. Da es recht aufwendig ist, Aktien aller 1500 Unternehmen des MSCI World anzukaufen, sollte der ETF zumindest eine repräsentative Auswahl enthalten. Manche Indexfonds legen die eingezahlten Kundengelder hingegen in völlig anderen Wertpapieren an. Diese Methode, in der Finanzwelt „Swap" genannt, ist zwar absolut legal. Das Verfahren birgt jedoch gewisse Risiken, auf die die Anleger gut verzichten können, wenn es andere, sicherere Möglichkeiten gibt. Schließlich wurde bei der Auswahl darauf geachtet, ob die ausgewählten Indexfonds den MSCI World möglichst genau nachbilden. Zuweilen gibt es gewisse Abweichungen, sogenannte Tracking Errors. Diese Fehler können dazu führen, dass die tatsächlichen Renditen eines ETF höher oder niedriger sind als die errechneten Erträge des MSCI World. Liegen die Renditen bei einem Indexfonds messbar tiefer, wurde er nicht in die Liste aufgenommen.

Schließlich ist in der Tabelle angegeben, wie mit den Dividenden verfahren wird, die die Unternehmen an die Fonds zahlen. „Ausschüttend" bedeutet, dass die überwiesenen Dividenden an die Anleger weitergeleitet werden. Dies geschieht bis zu viermal pro Jahr zu festgelegten Terminen. „Thesaurierend" heißt hingegen, dass der Fonds die ausgeschütteten Gewinne einbehält. Die Dividenden, die ein Unternehmen gezahlt hat, werden in den Ankauf weiterer Aktien dieser Firma investiert. Die Thesaurierung beschleunigt die Vermögensbildung; sie ist jedoch nicht geeignet für Anleger, die mit den ausgeschütteten Dividenden ihr verfügbares Einkommen aufbessern wollen.

Leser, die sich mit dem Thema ETF bisher noch nicht sehr intensiv beschäftigt haben, fragen sich vielleicht, wer die Finanzinstitute sind, die die empfohlenen Indexfonds anbieten. Daher hier ein paar kurze Erläuterungen. Amundi ist eine Tochter der französischen Großbank Crédit Agricole. Mit der Übernahme des Konkurrenten Lyxor, die 2022 abgeschlossen wurde, stieg die Pariser

Investmentgesellschaft zum größten ETF-Anbieter mit europäischen Wurzeln auf. Die DWS Group, eine Tochter der Deutschen Bank, ist die führende deutsche Fondsgesellschaft. International spielt sie jedoch keine herausragende Rolle. Das Londoner Kreditinstitut HSBC zählt zu den größten europäischen Banken. State Street mit Sitz in Boston ist die älteste noch aktive Bank der USA. Ihre Tochtergesellschaft State Street Global Advisors gehört zusammen mit BlackRock und der Vanguard Group zu den drei größten ETF-Anbietern der Welt.

2.4 Alternativen zum MSCI World

Ungeachtet aller Vorzüge hat der MSCI World in den Augen vieler Anleger drei gravierende Nachteile: die Dominanz der USA, die starke Tech-Schlagseite beim Branchenmix und die Beschränkung auf 23 Industrienationen. Ist es möglich, diese „Klumpenrisiken" zu beseitigen oder zumindest zu reduzieren? Die Finanzindustrie hat eine Reihe weiterer Indizes entwickelt, die ebenfalls die globalen Aktienmärkte abbilden. Die Unwuchten des Weltindex sollen auf drei verschiedene Weisen abgebaut werden.

1. *Die Zahl der Positionen wird erhöht.* Diesem Konzept folgt der FTSE Developed Index, der im Wesentlichen die gleichen Länder abbildet wie der MSCI World, aber erheblich mehr Unternehmen enthält.
2. *Die geografische Abdeckung wird erweitert.* Der MSCI World umfasst nur die alten Industrienationen. Der MSCI ACWI enthält außerdem 24 Schwellenländer aus Asien, Lateinamerika und Osteuropa.

3. *Das Konstruktionsprinzip wird geändert.* Beim MSCI World werden die Unternehmen nach ihrer Marktkapitalisierung ausgewählt und gewichtet. Beim MSCI World Equal Weighted Index bekommt hingegen jedes Unternehmen bei der Berechnung des Index das gleiche Gewicht.

Ähnlich wie der MSCI World beschränkt sich der FTSE Developed Index im Wesentlichen auf die alten Industrieländer. Es gibt allerdings zwei Unterschiede: Zum einen umfasst dieses Börsenbarometer rund 2100 Positionen, also 600 mehr als der MSCI World. Neben großen und mittleren Unternehmen sind hier auch viele kleinere Aktiengesellschaften enthalten. Außerdem ist der Kreis der erfassten Länder etwas größer. Während der MSCI World die osteuropäischen Reformstaaten komplett ignoriert, ist im FTSE Developed zumindest Polen vertreten. Zudem hat der Index Südkorea aufgenommen, eine der wichtigsten jungen Industrienationen des Fernen Ostens. Doch auch in diesem Index haben die USA eine überragende Bedeutung: Mit 67,5 Prozent ist der Anteil nur um 2,5 Prozentpunkte geringer als beim MSCI World. Da Korea einer der weltweit wichtigsten Produzenten von Chips, Smartphones und anderen Elektronikprodukten ist, sinkt der Anteil der IT-Industrie nicht, sondern steigt sogar noch leicht.

Die breitere Marktabdeckung schlägt sich zudem nicht in spürbar besseren Erträgen nieder. In den fünf Jahren von Ende 2018 bis Ende 2023 erzielte der FTSE Developed Index im Mittel jährliche Bruttorenditen von 13,1 Prozent. Beim MSCI World war es ein Hauch mehr – nämlich

13,4 Prozent. Wer bereits einen ETF auf den MSCI World besitzt, hat eigentlich keinen Grund, zum FTSE Developed zu wechseln, der von der Firma FTSE Russell geführt wird, einer Tochter der Londoner Börse. Ohnehin haben interessierte Anleger keine große Auswahl. Während beim MSCI World rund zwei Dutzend Indexfonds erhältlich sind, gibt es beim FTSE Developed nur einen einzigen Anbieter: Die amerikanische Vanguard Group hat auf diesen Index einen ETF mit zwei Anteilsklassen aufgelegt. Die ausschüttende Variante hat die ISIN IE00BKX55T58, bei der thesaurierenden lautet sie IE00BK5BQV03. Die Gebühren betragen jeweils 0,12 Prozent pro Jahr.

Ausdehnung in den Osten und Süden

Dem MSCI World wird zuweilen Etikettenschwindel vorgeworfen, da er nicht die gesamte Weltwirtschaft, sondern lediglich 23 Industrienationen abbildet. Fast die Hälfte der globalen Wirtschaftsleistung entfällt aber mittlerweile auf die Schwellenländer in Ostasien, Lateinamerika und anderen Regionen der Erde. Zu den fünf größten Wirtschaftsnationen der Welt gehören neben den USA, Japan und Deutschland längst auch China und Indien. Viele Anleger möchten am Aufstieg der jungen Industrieländer teilhaben, können dies aber nicht, wenn sie in einen Indexfonds auf den MSCI World investieren.

Dieses Manko macht eine zweite Gruppe von globalen Börsenindizes wett. Hierzu gehört der MSCI ACWI, der neben den alten Industrienationen auch zwei Dutzend Schwellenländer umfasst. Im Zentrum stehen die aufsteigenden Industrieländer des Fernen Ostens. Reformstaaten aus Osteuropa wie Polen, Ungarn und Tschechien sind ebenfalls vertreten. Auch lateinamerikanische Länder wie Argentinien, Brasilien und Mexiko wurden aufgenommen. Mit der geografischen Erweiterung verdoppelt sich die Zahl der erfassten Firmen gegenüber dem MSCI World auf nahezu 3000. Die Auswahl beschränkt sich allerdings ebenfalls auf große und mittelgroße Unternehmen, die in den einzelnen Ländern jeweils rund 85 Prozent der Marktkapitalisierung abdecken. Ein ähnliches Konzept verfolgt der FTSE All-World Index, der 4300 Firmen aus 49 Industrienationen und Schwellenländern abbildet. Noch breiter aufgestellt sind zwei weitere Indizes, die das Ziel verfolgen, die Aktiengesellschaften dieser Welt so vollständig abzubilden wie nur möglich: Der MSCI ACWI IMI enthält rund 9000 große, mittlere und kleine Unternehmen. Der FTSE Global All Cap Index umfasst sogar gut 10.000 Positionen (siehe Tabelle 2.7).

Tabelle 2.7 Der MSCI World und seine Konkurrenten
Sechs globale Aktienindizes im Vergleich

Index	Anzahl der Unternehmen	Anzahl der Länder	Anteil der USA
MSCI World	1.480	23	69,9 Prozent
FTSE Developed	2.110	25	67,5 Prozent
MSCI ACWI	2.921	47	62,6 Prozent
FTSE All-World	4.296	49	60,9 Prozent
MSCI ACWI IMI	9.084	47	61,4 Prozent
FTSE Global All Cap	10.079	49	60,9 Prozent

Quellen: FTSE Russell, MSCI *Stand: 31. Dezember 2023*

Zehn Elefanten und fünftausend Zwergmäuse

Doch wie sinnvoll sind solche extrem breit aufgestellten Börsenindizes? Bringen sie Vorteile gegenüber dem MSCI World? Auf den ersten Blick ist die Vielfalt beeindruckend. Im Inventar des FTSE Global All Cap befinden sich 165 Unternehmen aus Brasilien, 462 Firmen aus Indien und 2363 Aktiengesellschaften aus China. Doch hierbei handelt es sich überwiegend um kleine bis sehr kleine Firmen. Von den mehr als 10.000 Unternehmen, die der Index enthält, haben 5000 einen Börsenwert von weniger als eine Milliarde Dollar. Die kleinste Firma kommt gerade einmal auf eine Marktkapitalisierung von zwei Millionen Dollar. Microsoft wird an der Börse eine Million Mal so hoch bewertet! Dieser IT-Konzern ist aber, genauso wie die anderen amerikanischen Tech-Stars, ebenfalls im FTSE Global All Cap vertreten. Zugespitzt formuliert, besteht der Index aus einer kleinen Herde von Elefanten, denen 5000 Zwergmäuse gegenüberstehen. Aufgrund dieser massiven Ungleichgewichte weist der FTSE Global All Cap nahezu ebenso große Klumpenrisiken auf wie der MSCI World.

- Von Apple bis Tesla sind die zehn größten Positionen der beiden Aktienindizes weitgehend identisch. Lediglich die Anteile differieren. Beim MSCI World entfallen auf die Top Ten 21 Prozent der Marktkapitalisierung, im FTSE Global All Cap sind es 16 Prozent.
- Die Informationstechnologien spielen eine nahezu ebenso große Rolle wie im MSCI World. Der FTSE Global All Cap umfasst unter anderem die beiden jungen Industrieländer Südkorea und Taiwan, in

denen Mikroelektronik und Computertechnik eine herausragende Bedeutung haben.
- Die USA behalten auch im FTSE Global All Cap ihre beherrschende Stellung. Der Anteil sinkt lediglich von 70 auf 61 Prozent. Selbst im breitesten Aktienindex der Welt gibt es kein Gegengewicht zur amerikanischen Dominanz. Offenbar ist Diversifizierung nicht immer ein wirksames Instrument, um Klumpenrisiken zu beseitigen.

Tabelle 2.8 Der kleinste Aktienkorb bringt die besten Erträge

Die Renditen internationaler Börsenindizes

Index	Anzahl der Aktien	Bruttorenditen 2018 bis 2023	Bruttorenditen 2013 bis 2023
MSCI World	1.480	13,4 Prozent	9,2 Prozent
FTSE Developed	2.110	13,1 Prozent	k. A.
MSCI ACWI	2.921	12,3 Prozent	8,5 Prozent
FTSE All-World	4.296	12,2 Prozent	k. A.
MSCI ACWI IMI	9.084	12,0 Prozent	8,3 Prozent
FTSE Global All Cap	10.079	12,0 Prozent	k. A.

Quellen: FTSE Russell, MSCI   Stand: 31. Dezember 2023

Bei den anderen globalen Börsenindizes sind die Unwuchten mindestens ebenso groß wie im FTSE Global All Cap. Die dreifache Abhängigkeit von einigen wenigen Superkonzernen, der IT-Industrie und dem amerikanischen Aktienmarkt ist nicht viel geringer als beim MSCI World. Es gibt also keinen Grund, einen ETF auf einen dieser Indizes zu kaufen. Im Gegenteil spricht einiges dagegen. Dies sind zum Beispiel die geringeren Erträge. In Tabelle 2.8 werden die Bruttorenditen der Indizes in den vergangenen Jahren aufgeführt. Es sind die jährlichen Durchschnittswerte für die beiden Zeiträume 2018 bis 2023 und 2013 bis 2023 angegeben. Die längere Periode von zehn Jahren ist aussagekräftiger und erlaubt eine bessere Abschätzung der künftigen Entwicklung, für die FTSE-Indizes liegen allerdings keine Daten für diesen Zeitraum vor.

Das Ergebnis ist eindeutig: Der MSCI World, mit 1480 Positionen der kleinste Aktienkorb, liefert über beide Perioden die besten Erträge. Ein weiteres Mal zeigt sich, dass eine möglichst breite Diversifizierung nicht immer von Vorteil für die Anleger ist. Offenbar bildet der MSCI World mit seinen rund 1500 Positionen das Optimum zwischen dem allzu schmalen Dax, der lediglich 40 Titel umfasst, und dem extrem breiten FTSE Global Cap Index mit seinen 10.000 Unternehmen.

Wenn das kollektive Wissen der Investoren missachtet wird

Ein völlig anderes Konzept als die oben vorgestellten Alternativen verfolgt der MSCI World Equal Weighted Index. Er verzichtet auf ein Prinzip, das in der ETF-Welt ansonsten eisern beachtet wird: In der Regel wird ein Index aus den wertvollsten Börsengesellschaften eines Landes, einer Region oder einer Branche gebildet. Je höher die Marktkapitalisierung eines Unternehmens ist, desto größer ist das Gewicht, das ihm bei der Indexberechnung zugemessen wird. Apple hatte im Dezember 2023 einen Börsenwert von drei Billionen Dollar; folglich hatte der IT-Konzern einen Anteil von 5,0 Prozent an der Marktkapitalisierung des MSCI World, die damals 60 Billionen Dollar betrug.

Im MSCI World Equal Weighted wird aus dem Börsengiganten Apple ein Zwerg. In diesen Index geht jedes Unternehmen mit demselben Gewicht ein, gleich wie groß oder klein der Börsenwert ist. Basis ist der MSCI World, dessen rund 1500 Positionen vollständig übernommen werden. Jede dieser Aktien erhält in dem gleichgewichteten Index einen Anteil von 0,67 Promille. Anders als bei den bisher erörterten Alternativen hat die Gleichmacherei radikale Folgen für die Zusammensetzung des Index. Der Anteil der USA schrumpft von 70 auf 42 Prozent. Hingegen springt Japans Quote von 6 auf 15 Prozent; Großbritannien und Kanada sind mit je rund 6 Prozent dabei; auf Frankreich entfallen 4 Prozent. Auch die Informationstechnologien werden ein Opfer des egalitären Konzepts: Ihr Anteil sinkt von 23 auf 11 Prozent. Statt des IT-Sektors werden die Industriegüter und -dienstleistungen mit 18 Prozent stärkste Branche, gefolgt von den Finanzdienstleistungen, die 16 Prozent des Index stellen.

Der Branchenmix des MSCI World Equal Weighted erinnert stark an die Struktur des Dax. Wer daher vermutet, dass die Renditen dann auch nicht viel besser sein dürften als beim deutschen Leitindex, liegt nicht ganz falsch. Von 2013 bis 2023 erzielte der MSCI World Equal Weighted Index Bruttorenditen von durchschnittlich 6,6 Prozent pro Jahr, also nur wenig mehr als der Dax. Der MSCI World bescherte den Anlegern hingegen 9,2 Prozent. Die Ursache für die mageren Ergebnisse besteht im Konzept dieses

Index, bei dem strikt darauf geachtet wird, dass die Anteile von 0,67 Promille bei jeder einzelnen Aktie eingehalten werden. Wenn einzelne Titel an der Börse anhaltend stärker steigen als andere, bekommen sie im Lauf der Zeit ein höheres Gewicht im Index. Aktien mit schlechter Kursentwicklung fallen hingegen unter die fixierte Quote. Daher wird viermal pro Jahr ein „Rebalancing" durchgeführt: Bei Unternehmen, deren Kurse stark gestiegen sind, wird das angekaufte Aktienpaket reduziert, sodass der Anteil wieder bei 0,67 Promille liegt. Umgekehrt verfährt der Indexanbieter bei Aktien, deren Kurse gefallen sind. Hier wird an der Börse zugekauft, bis die festgesetzte Quote erreicht ist.

Damit aber werden die Signale, die die Finanzmärkte senden, komplett ignoriert. Denn hinter sinkenden Kursen steht im Allgemeinen die Einschätzung, dass ein Unternehmen ein schlechtes Management hat, den falschen strategischen Kurs fährt oder über kein zukunftssicheres Geschäftsmodell verfügt. An den Börsen sind zahllose Anleger aktiv, die sich aufgrund eingehender Analysen, umfassender Branchenkenntnisse und vielleicht sogar Insiderwissen eine fundierte Meinung zu einzelnen Aktien bilden können. Diese Investoren stoßen Titel ab, von denen sie nicht mehr überzeugt sind; fallende Kurse sind die Folge. Wenn einzelne Papiere deutlich an Wert verlieren, sollte sich jeder Anleger fragen, ob es hierfür nicht gute Gründe gibt. Die Finanzmärkte mögen sich ja gelegentlich irren; zuweilen müssen sie ihre Einschätzungen massiv korrigieren. Doch das kollektive Urteil der Börsen systematisch zu missachten, kann auf Dauer nicht gut gehen. Gemäß dem Konzept des MSCI World Equal Weighted hätte das Skandalunternehmen Wirecard bis zum bitteren Ende im Dax das gleiche Gewicht haben müssen wie der Börsenstar SAP. Da immer wieder Informationen durchsickerten, dass bei dem Zahlungsdienstleister nicht alles mit rechten Dingen zugehe, sackte der Wirecard-Kurs mehrfach massiv ab. Das hätte für jeden vorsichtigen Anleger ein Warnsignal sein müssen.

Von den vorgestellten Alternativen zum MSCI World schneidet nur eine einzige so gut ab wie der Weltindex. Dies ist der FTSE Developed, der in den vergangenen Jahren nahezu ebenso hohe Renditen erzielte wie der MSCI World. Ist es ein Zufall, dass diese beiden Börsenbarometer sich jeweils auf die alten Industrienationen beschränken? Die vier globalen Indizes, die auch die Schwellenländer abbilden, lieferten messbar schlechtere Erträge. Dahinter verbirgt sich ein Problem, das manche privaten Anleger noch nicht recht wahrgenommen haben dürften: Die wirtschaftliche Entwicklung der jungen Industrienationen hat in den vergangenen Jahren kräftig an Schwung verloren. Investments in die „Emerging Markets" brachten zuletzt oft negative Renditen. Wie im nächsten Abschnitt gezeigt wird, sind auch die Perspektiven für die Zukunft nicht allzu rosig.

2.5 Ungewisse Aussichten für den Fernen Osten

Den Schwellenländern Asiens gelang in den vergangenen Jahrzehnten eine staunenswerte Entwicklung. Nach Japan stiegen weitere Länder Ostasiens in den Klub der Industrienationen auf. Südkorea ist heute einer der weltweit bedeutendsten Hersteller von Autos, Fernsehern und Smartphones. 2022 erzielte das Land ein höheres Pro-

Kopf-Einkommen als Italien oder Spanien. Taiwan zählt zu den weltweit wichtigsten Produzenten von Chips. Würden die Lieferungen des Inselstaats ausbleiben, müssten in den westlichen Industrienationen zahlreiche Fabriken die Produktion einstellen. Noch in den 1980er-Jahren galt Indien als Synonym für Armut, Not und Unterentwicklung. Heute aber ist das Land einer der größten Softwareexporteure der Welt. Computerexperten, die an indischen Universitäten ausgebildet wurden, sind Chefs der amerikanischen IT-Giganten Google und Microsoft. China macht den USA den Rang als größte Wirtschaftsmacht der Welt streitig. Nominal ist das Sozialprodukt zwar noch kleiner, doch der Yuan hat eine erheblich höhere Kaufkraft als der Dollar. Wird dies berücksichtigt, belief sich das Bruttoinlandsprodukt Chinas 2022 auf rund 30 Billionen Dollar gegenüber 25 Billionen Dollar in den USA.

Es gibt also auf den ersten Blick gute Gründe, in die aufsteigenden Wirtschaftsnationen zu investieren, und es ist denkbar einfach. Längst hat die New Yorker Firma MSCI einen Index aufgelegt, der die Schwellenländer abbildet. Der MSCI Emerging Markets bietet Zugang zu mehr als 1400 Unternehmen aus 24 jungen Industrienationen. Er umfasst nicht nur Asien, sondern auch den Nahen Osten, Afrika und nicht zuletzt Lateinamerika. Ebenso wie im Fernen Osten hat in Mittel- und Südamerika eine dynamische wirtschaftliche Entwicklung eingesetzt. Mexiko zählt zu den sieben größten Autoherstellern der Welt; dort rollen pro Jahr mehr Pkw von den Fließbändern als in Frankreich, Italien oder Großbritannien. In Brasilien ist einer der vier größten Flugzeughersteller der Welt aktiv: Die

Kurz- und Mittelstreckenjets der Firma Embraer werden unter anderem von der Lufthansa eingesetzt.

Tabelle 2.9 Asien dominiert den Index

Aufschlüsselung des MSCI Emerging Markets nach Ländern

Land	Anteil an der Marktkapitalisierung
China	26,5 Prozent
Indien	16,7 Prozent
Taiwan	16,0 Prozent
Südkorea	13,0 Prozent
Brasilien	5,8 Prozent
Andere Länder	21,9 Prozent

Quelle: MSCI Stand: 31. Dezember 2023

Ungeachtet all dieser Erfolge sollten Anleger allerdings sorgfältig das Für und Wider eines Investments in den MSCI Emerging Markets prüfen. Zum einen sind die geografischen Gewichte sehr ungleich verteilt. China hat einen Anteil von 26,5 Prozent, auf Indien und Taiwan entfallen 16,7 beziehungsweise 16 Prozent; Südkorea kommt auf 13 Prozent. Alles in allem besteht der MSCI Emerging Markets zu rund drei Vierteln aus asiatischen Unternehmen. Stark unterrepräsentiert sind hingegen andere Regionen wie Lateinamerika. Dort wird die Entwicklung größtenteils von Familienbetrieben, Staatskonzernen und ausländischen Investoren vorangetrieben, die nicht an den lokalen Börsen notiert sind. Dies gilt unter anderem für den Automobilbau, der in Brasilien und Mexiko eine Schlüsselindustrie bildet. Wer einen ETF auf den Schwellenländerindex von MSCI kauft, investiert im Grunde nur in eine einzige Region, nämlich Asien.

Hohe politische Risiken im Fernen Osten

Im Fernen Osten aber haben die politischen Spannungen in den vergangenen Jahren stark zugenommen. China tritt zunehmend aggressiv gegenüber Taiwan auf; offenbar plant die Volksrepublik, sich den Inselstaat langfristig einzuverleiben. Die Gefahr eines Krieges ist groß. Überdies gibt es mit den Nachbarstaaten in Südostasien Streit um das Südchinesische Meer, über das China die alleinige Kontrolle beansprucht. Einer der Anrainerstaaten, die Philippinen, hat im Herbst 2023 den Austritt aus dem Projekt Seidenstraße erklärt, mit dem die Volksrepublik ihre Einflusszonen von Südostasien bis in den Vorderen Orient und nach Ostafrika ausdehnen will. Überdies stößt Nordkoreas Diktator Kim Jong-un immer wieder wilde Drohungen gegenüber seinem südlichen Nachbarn und dem Westen aus. Die Länder, die von schweren politischen Spannungen betroffen sind, stehen für rund zwei Drittel des MSCI Emerging Markets Index. Wer dort investiert, geht also hohe Risiken ein.

Zugleich lässt offenbar die wirtschaftliche Dynamik im Fernen Osten nach. Dies gilt insbesondere für China, wo die Regierung während der Pandemie mit scharfen Lockdowns jedes Wachstum abgewürgt hat. Überdies verhängten die Nationen des Westens Sanktionen gegen die Volksrepublik, die im Ukrainekrieg mehr oder weniger offen den Aggressor Russland unterstützt. Der chinesische Telekomausrüster Huawei, einer der weltweit größten Hersteller von Smartphones, darf in vielen westlichen Ländern nicht mehr an öffentlichen Ausschreibungen teilnehmen. Auf Druck der amerikanischen Regierung haben die Niederlande es der Firma ASML untersagt, ihre Chipmaschinen nach China zu exportieren. Ohne diese Produktionsanlagen, auf die der holländische Lieferant weltweit nahezu ein Monopol hat, kann die Volksrepublik aber schwerlich wie geplant ihre Mikroelektronik-Industrie ausbauen.

Korea, Taiwan und China haben sich bei der Entwicklung ihrer Wirtschaft weitgehend an Japan orientiert. Mit einer Verzögerung von zwei bis drei Jahrzehnten könnte sich dort nicht nur der steile Aufstieg, sondern auch die anhaltende Stagnation des Nachbarlandes wiederholen. Nach dem Zweiten Weltkrieg konzentrierte sich Japan zunächst auf arbeitsintensive Basisindustrien wie Stahl und Textilien. In den 1960er-Jahren stieg das Land zur weltweit führenden Schiffbaunation auf. 1970 begannen Toyota, Nissan und Honda, die globalen Märkte mit Autos zu überschwemmen, die zwar billig waren, aber eine hohe Qualität boten. Es folgten Exportoffensiven bei Fernsehern, Computern und Halbleitern. Von 1960 bis 1990 erzielte Japans Wirtschaft jährliche Wachstumsraten von bis zu zehn Prozent. Nie zuvor hatte ein Land über eine so lange Zeit ein so hohes Wirtschaftswachstum erreicht.

Schwächen auf vielen Technologiefeldern

Dann aber brach die stürmische Entwicklung plötzlich ab. Ein wichtiger Grund dafür war, dass andere Länder Asiens erfolgreich die Strategien und Geschäftsmodelle der japanischen Unternehmen nachahmten – und den Vorbildern zunehmend Konkurrenz machten. Korea löste das Nachbarland als größten Produzenten von Öltankern und Containerfrachtern ab. Wie zwei Jahrzehnte zuvor die Japaner starteten die koreanischen Autohersteller Hyundai, Kia und Daewoo Ende der 1980er-Jahre globale Exportoffensiven. Die Marktanteile, die sie in den USA und Europa gewinnen konnten, gingen häufig zulasten der japanischen Konkurrenten. Bei Fernsehern, Monitoren und Smartphones übertrumpften die koreanischen Chaebols (Mischkonzerne) LG und Samsung die Elektronikindustrie Japans. Ungeachtet der Spitzenleistungen, die die jungen Industrienationen Asiens in vielen Technologien vorweisen können, haben sie ebenso wie ihr Vorbild auf anderen zukunftswichtigen Gebieten empfindliche Schwächen.

- Ganz ähnlich wie Japan konzentrieren sich China und Korea auf hochwertige Konsumgüter wie Autos und Smartphones. Einen zweiten Schwerpunkt bilden vor allem in Korea und Taiwan Mikroelektronik und Computertechnik. Bei der Herstellung all dieser Erzeugnisse brillieren asiatische Unternehmen mit hoher Disziplin, großer Effizienz und bester Qualität.
- Im Gegensatz zu solchen Massenprodukten ist der Ferne Osten bei komplexen Großgeräten und Produktionsanlagen erstaunlich erfolglos. In der Luft- und Raumfahrt konnten Japan und China bisher nie wirklich Fuß fassen. Bei Hochgeschwindigkeitszügen ist Japan hinter die Europäer zurückgefallen. In der Fabrikautomation, dem Kraftwerksbau und den Basistechnologien für Telekomnetze liegt der Westen bis dato ebenfalls vorne.
- So stark die ostasiatische IT-Industrie bei der Hardware ist, so schwach ist sie bei der Software. Die Konzerne,

die diesen lukrativen Markt weltweit beherrschen, kommen ganz überwiegend aus den USA. Lediglich Indien spielt in der Software und bei IT-Dienstleistungen international eine Rolle.
- Bei den völlig neuen Geschäftsmodellen, die das Internet ermöglicht hat, ist die Dominanz der USA ebenfalls überwältigend. Gleich ob Onlinehandel, Suchmaschinen oder Social Media – auf diesen Gebieten kommen die globalen Marktführer alle von der amerikanischen Pazifikküste. Chinesische Internetfirmen wie Alibaba, Baidu und Tencent haben ihre Angebote weitgehend bei den Pionieren aus den USA abgekupfert und sind überwiegend in China aktiv.
- Als wichtigstes Teilgebiet der Informationstechnologien gilt heute die künstliche Intelligenz. In China investieren Staat und Wirtschaft zwar Unsummen in diese künftige Schlüsseltechnologie. Spektakuläre Durchbrüche wie etwa das generative KI-Tool ChatGPT wurden in der Volksrepublik bislang jedoch nicht bekannt.
- Neben den Informationstechnologien ist die Gesundheitswirtschaft eine zweite Schlüsselbranche der Zukunft. In der Biotechnologie und der Pharmaindustrie sind die asiatischen Industrieländer praktisch gar nicht präsent. Die japanische Firma Takeda ist der einzige Arzneimittelhersteller aus dem Fernen Osten, der auf den globalen Märkten eine gewisse Rolle spielt. Der Wettlauf um einen Impfstoff gegen Covid-19 spielte sich ausschließlich zwischen amerikanischen und europäischen Unternehmen ab.

Der Trendbruch fand bereits während der Finanzkrise statt

Stehen die jungen Industrienationen Asiens jetzt vor einem ähnlichen Wendepunkt wie Japan Anfang der 1990er-Jahre? Damals hatte das Land weitgehend das ökonomische und technologische Niveau der westlichen Industrieländer erreicht. Zwangsläufig musste das enorme Wachstumstempo der Nachkriegszeit kräftig nachlassen. Ähnlich haben Korea, Taiwan, Singapur und die chinesische Sonderwirtschaftszone Hongkong längst pro Kopf ein höheres Sozialprodukt als viele europäische Staaten. Diese vier „Tiger" werden künftig ebenso wie Japan voraussichtlich kein exzeptionell hohes Wachstum mehr erreichen. Auch in China sind die Wachstumsraten kräftig gefallen. In der Dekade nach der Jahrtausendwende stieg das Sozialprodukt pro Jahr um zehn bis zwölf Prozent. In den Jahren vor Ausbruch der Pandemie meldete China aber nur mehr ein jährliches Wachstum von rund sechs Prozent. Seit 2020 herrscht in dem riesigen Land weithin Stagnation. Wie die Entwicklung in den kommenden Jahren verlaufen wird, können selbst die besten Experten nicht mit Gewissheit vorhersagen.

Anleger, die ungeachtet der gemischten Aussichten an ein Investment in den MSCI Emerging Markets denken, sollten beachten, dass dieser Index außerdem eine ziemlich risikoträchtige Branchenstruktur aufweist. Mit einem Anteil von 22 Prozent ist die Finanzindustrie der größte Sektor des Schwellenländerindex. Hingegen kommt diese Branche im MSCI World lediglich auf 15 Prozent. Banken aber können in einer Rezession wie Dominosteine umkippen. In der Finanzkrise mussten viele Regierungen ihre taumelnden Geldgiganten mit beispiellosen Kapitalspritzen vor dem Untergang retten. Auf der anderen Seite sind relativ sichere Branchen – die Sektoren Energieversorger, Gesundheitswesen und Nicht zyklische Konsumgüter (Artikel des täglichen Bedarfs) – im MSCI Emerging Markets nur schwach vertreten. Diese drei defensiven Branchen gehen mit einer Gewichtung von insgesamt rund 22 Prozent in den MSCI World ein. Im MSCI Emerging Markets kommen sie nur auf einen Anteil von zusammen 12,5 Prozent. Entsprechend gering sind die stabilisierenden Effekte auf die Entwicklung des Index.

Tabelle 2.10 Die Finanzindustrie ist die größte Branche

Aufschlüsselung des MSCI Emerging Markets nach Sektoren

Sektor	Anteil am Index
Finanzdienstleistungen	22,3 Prozent
Informationstechnologien	22,1 Prozent
Zyklische Konsumgüter	12,8 Prozent
Kommunikationsdienstleistungen	8,8 Prozent
Grundstoffe	7,9 Prozent
Industriegüter	6,8 Prozent
Nicht zyklische Konsumgüter	6,0 Prozent
Energie	5,1 Prozent
Gesundheitswesen	3,8 Prozent
Versorgungsunternehmen	2,7 Prozent
Immobilienwirtschaft	1,7 Prozent

Quelle: MSCI *Stand: 31. Dezember 2023*

Unbedingt beachten sollten interessierte Anleger, dass es an den Börsen längst einen scharfen Trendbruch gegeben hat. Von 1990 bis zur globalen Finanzkrise, die 2008 ihren Höhepunkt erreichte, zeigte der MSCI Emerging Markets eine erheblich bessere Wertentwicklung als der MSCI World. Dann aber verkehrte sich die Entwicklung in ihr Gegenteil: Der stetige Trend nach oben wich einem heftigen Wechsel zwischen Aufwärts- und Abwärtsbewegungen. Laut Berechnungen des Indexanbieters beläuft sich der Wertzuwachs des MSCI Emerging Markets von Dezember 2008 bis Dezember 2023 auf rund 260 Prozent. Der MSCI World verzeichnete in diesen 15 Jahren jedoch kumulierte Renditen von 460 Prozent. 1990 war es im Rückblick eine sehr vernünftige Idee, in Aktien der Schwellenländer zu investieren. In der jüngeren Vergangenheit wäre dies jedoch völlig falsch gewesen. Wer zum Beispiel Ende 2018 in einen ETF auf den MSCI Emerging Markets investiert hatte, erlitt bis Ende 2023 kumulierte Verluste von 23 Prozent. Sowohl beim Dax als auch beim MSCI World konnten Anleger hingegen in diesen fünf Jahren per Saldo einen hübschen Gewinn erzielen.

Wie wird es an den Börsen weitergehen? Sind die unvermeidlichen Kurskorrekturen bald ausgestanden? Dies lässt sich angesichts der komplizierten Situation in vielen Schwellenländern unmöglich vorhersagen. Wenn es schlimmstenfalls so kommt wie in Japan, benötigen die Investoren allerdings sehr viel Geduld. Solange die rasante Entwicklung des Landes anhielt, kletterte der Nikkei von Rekordstand zu Rekordstand. Kurz vor Silvester 1989 erklomm er ein Allzeithoch von rund 39.000 Punkten. Dann aber setzte ein konjunktureller Abschwung ein und der japanische Leitindex stürzte in die Tiefe. Die Baisse hielt drei Jahrzehnte an. Erst 2010 setzte eine anhaltende Erholung ein. Ende 2023 notierte der Nikkei bei 33.700 Punkten – das war immer noch deutlich weniger als 1989!

Natürlich weiß niemand, ob sich diese Entwicklung in den Schwellenländern wiederholen wird. Immerhin handelt es sich nicht um ein einzelnes Land, sondern um eine kulturell und ökonomisch sehr vielfältige Region, die drei Kontinente umfasst. Doch interessierte Anleger sollten sich vor Augen führen, dass sie ein recht großes Risiko eingehen, wenn sie im Umkreis des MSCI Emerging Markets investieren, um in ihrem Portfolio ein Gegengewicht zu den Klumpenrisiken des MSCI World zu schaffen. Dieses durchaus vernünftige Ziel lässt sich mit einem ETF auf einen europäischen Aktienindex viel besser erreichen, wie im folgenden Abschnitt gezeigt wird.

2.6 So modern ist Europa

Europa ist nach wie vor eine der wichtigsten Regionen der globalen Wirtschaft. Anders als vielerorts behauptet wird, liegt der Kontinent keineswegs abgeschlagen hinter Amerika und dem Fernen Osten zurück. Im Gegenteil verfügt Europa über bestimmte technologische Stärken, die andere Wirtschaftsräume in weit geringerem Maße besitzen. Wie wettbewerbsfähig die europäische Industrie ist, zeigt der Aerospace-Konzern Airbus, der dem amerikanischen Erzrivalen Boeing nach einem jahrzehntelangen Duell bei Passagierflugzeugen jetzt wohl endgültig davongedüst ist.

Ein weiteres Beispiel ist die sehr wissensintensive Pharmaindustrie: Von den zehn forschungsstärksten Arzneimittelherstellern der Welt kommen vier aus Frankreich, der Schweiz und Großbritannien. Das vielleicht wichtigste Medikament der vergangenen Jahre, der Coronaimpfstoff Comirnaty, wurde von der Mainzer Firma Biontech entwickelt. Asien ist hingegen weder in der Pharmazie noch in der Luft- und Raumfahrt ein bedeutender Player.

Die technologischen Stärken Europas springen allerdings nicht so ins Auge wie die der USA und Ostasiens. In diesen Regionen produzieren die Tech-Stars Massenprodukte für Endverbraucher wie Laptops, Notebooks und Smartphones. Marken wie Apple, Acer oder Samsung kennt jede Zwölfjährige. Hingegen konzentriert sich Europa auf Industriegüter wie Roboter, Werkzeugmaschinen und Hochgeschwindigkeitszüge. Die Namen der Hersteller sind oft nur Fachleuten ein Begriff. Paradigmatisch zeigt die Mikroelektronik den wesentlichen Unterschied zwischen Europa und den beiden anderen großen Wirtschaftsräumen der Welt. Bei der Produktion von Halbleitern ist unser Kontinent, mit einigen wenigen Ausnahmen wie Infineon, hoffnungslos zurückgefallen. Hier liegen die Chiphersteller aus den USA, Japan, Korea und Taiwan uneinholbar vorne. Doch nahezu alle diese Unternehmen setzen in der Produktion die hoch komplizierten, technisch sehr anspruchsvollen Maschinen der niederländischen Firma ASML ein.

Anleger, die ihre Investments international diversifizieren möchten, sollten deshalb auch Europa in den Blick nehmen. Allerdings wäre es nicht ratsam, vorzugsweise in einen nationalen Leitindex wie den französischen CAC 40, den britischen FTSE 100 oder den Schweizer SMI zu investieren. Jede europäische Nation hat bestimmte Stärken und Schwerpunkte, die sich an den Börsen in einem Übergewicht einzelner Branchen widerspiegeln. In Frankreich spielen hochwertige Konsumgüter seit jeher eine große Rolle – von Champagner über Kosmetika bis zur Haute Couture. Deshalb kommen Luxuskonzerne wie Hermès, LVMH und L'Oréal im CAC 40 auf einen Anteil von weit mehr als einem Drittel. Hingegen haben im britischen FTSE 100 Banken wie HSBC, Ölmultis wie BP und Rohstoffkonzerne wie Glencore ein übermäßig großes Gewicht. Im Schweizer Börsenindex SMI stehen der Lebensmittelriese Nestlé sowie die Pharmakonzerne Roche und Novartis zusammen für mehr als 50 Prozent der gesamten Marktkapitalisierung. Dies sind alles gewaltige Klumpenrisiken, die Anleger besser vermeiden. Leicht möglich ist dies, wenn sie mittels europaweiter Börsenindizes in die Stärken Europas investieren. Sie haben dabei die Wahl zwischen mehreren Alternativen, die jeweils andere Chancen und Risiken aufweisen.

- Der Index *Euro Stoxx 50* beschränkt sich auf Unternehmen aus der Eurozone. Hier haben die Sektoren Informationstechnologien und Industriegüter eine große Bedeutung. Der Index lieferte in den vergangenen Jahren überdurchschnittlich hohe Renditen. Doch aufgrund des großen Anteils konjunkturabhängiger Branchen kommt ein Investment vor allem für Anleger infrage, die verhältnismäßig hohe Risiken tragen können und die hierzu auch bereit sind.

- Der *Stoxx Europe 50* bildet Unternehmen aus ganz Europa ab, also nicht nur der Eurozone. Der Index besteht zu einem Großteil aus krisenfesten Branchen wie dem Gesundheitswesen und der Nahrungs- und Genussmittelindustrie. Daher eignet er sich auch für konservative Anleger, die großen Wert auf die Sicherheit ihrer Investments legen. Die Renditen sind nicht viel geringer als beim Euro Stoxx 50.
- Der *Stoxx Europe 600* umfasst ebenfalls ganz Europa. Er enthält aber nicht nur Großunternehmen wie die beiden anderen Indizes, sondern auch Hunderte von mittelgroßen und kleinen Aktiengesellschaften. Überdies bietet der Index einen ausgewogenen Branchenmix. Sowohl die Investmentrisiken als auch die zu erwartenden Renditen liegen auf mittlerem Niveau. Ähnlich breit aufgestellt wie der Stoxx Europe 600 sind die beiden Börsenbarometer *MSCI EMU* und *MSCI Europe*.

Ein Barometer für Europas technologische Stärken

Der Aktienindex *Euro Stoxx 50* wird von der Firma Qontigo geführt, einer Tochter der Deutschen Börse. Er enthält 50 Großunternehmen, die ihren Hauptsitz in einem Land der Eurozone haben. Die größte Branche des Index bilden die Informationstechnologien mit einem Anteil von rund 16 Prozent. Dieser Sektor besteht im Wesentlichen aus drei Unternehmen. Eines davon ist der deutsche IT-Konzern SAP, international führend bei betriebswirtschaftlicher Software. Teil des Trios ist ebenfalls die finnische Firma Nokia. Das Unternehmen stellt zwar keine

Handys mehr her, zählt aber zu den weltweit bedeutendsten Technologielieferanten von Netzbetreibern wie der Deutschen Telekom. Der am hellsten leuchtende Stern der europäischen Hochtechnologie ist die bereits erwähnte niederländische Firma ASML, die sich auf Produktionsanlagen für die Halbleiterindustrie spezialisiert hat. Bei der besonders anspruchsvollen EUV-Technologie besitzt das Unternehmen weltweit ein Monopol. Dank seiner Alleinstellung in einer Schlüsseltechnologie ist ASML ein Liebling der Börse; die Hightech-Firma bildet den Spitzenreiter des Euro Stoxx 50.

Zu den größten Sektoren dieses Index gehören ebenfalls die Anbieter von Industriegütern und Logistikdienstleistungen, auf die ein Anteil von 14 Prozent entfällt. Auch hier finden sich drei Unternehmen mit Weltrang. Die französische Firma Schneider Electric genießt bei intelligenten Systemen für Stromnetze, mit denen sich die Energieverschwendung reduzieren lässt, eine Spitzenstellung. Der Münchener Elektrokonzern Siemens zählt zu den weltweit führenden Anbietern von Automations- und Bahntechnik. Der europäische Flugzeugbauer Airbus hat dank höherer Qualität und besserer Produktpalette den amerikanischen Rivalen Boeing bei Verkehrsflugzeugen abgehängt. Die Branchen Informationstechnologien und Industriegüter sind jedoch recht anfällig für Konjunkturschwankungen. Dies gilt auch für andere Sektoren wie Banken, Autoindustrie und Zyklische Konsumgüter, die in dem Index ebenfalls große Bedeutung haben. In einer Krise können die Umsätze der Unternehmen kräftig schrumpfen; Gewinne verwandeln sich womöglich in Verluste; die Börsenkurse stürzen ab.

Tabelle 2.11 Die IT-Industrie steht an der Spitze
Die zehn größten Branchen des Euro Stoxx 50

Sektor	Anteil am Index
Informations- und Kommunikationstechnologien	15,9 Prozent
Industriegüter und -dienstleistungen	14,0 Prozent
Zyklische Konsumgüter	13,3 Prozent
Banken	10,9 Prozent
Versicherungen	6,4 Prozent
Gesundheitswesen	6,0 Prozent
Autos und Autoteile	5,8 Prozent
Energie	5,7 Prozent
Chemieerzeugnisse	4,2 Prozent
Nahrungs- und Genussmittel	3,8 Prozent

Quelle: Qontigo — *Stand: 31. Dezember 2023*

Zugleich sind die defensiven Branchen, die in einem konjunkturellen Abschwung oder gar einer Rezession für Stabilität sorgen können, im Euro Stoxx 50 mit einem Anteil von insgesamt rund zwölf Prozent relativ schwach vertreten. Entsprechend gering ist der Schutz, den diese Sektoren im Fall eines Abschwungs oder einer Krise zu bieten vermögen. Im Stoxx Europe 50 ist die Quote etwa dreimal so hoch. Dies ist in den Augen konservativer Anleger gewiss ein Vorzug, der für den gesamteuropäischen Index spricht.

Wer allerdings bereit ist, die genannten Risiken zu tragen, kann beim Eurozonenindex mit guten Erträgen rechnen. In den fünf Jahren vom 31. Dezember 2018 bis zum 31. Dezember 2023 erzielte der Euro Stoxx 50 durchschnittliche Nettorenditen von 11,2 Prozent pro Jahr. (In dieser Größe sind sowohl die Kursgewinne als auch die ausgeschütteten Dividenden enthalten. „Netto" bedeutet, dass die in der Eurozone üblichen Steuern auf Kapitalerträge abgezogen wurden.) Der MSCI World (EUR) kam in der gleichen Periode auf Nettorenditen von durchschnittlich 13,6 Prozent, also 2,5 Prozentpunkte mehr. Anleger sollten aber beachten, dass sie beim Euro Stoxx 50, der ja ausschließlich Unternehmen aus der Eurozone abbildet, keinerlei Währungsrisiken eingehen. Beim MSCI World kommen hingegen 70 Prozent der Unternehmen aus dem Dollarraum. Tabelle 2.12 enthält eine Auswahl kostengünstiger ETFs auf diesen Index.

Tabelle 2.12 Investments in die Zukunft der Eurozone
Indexfonds auf den Euro Stoxx 50 (Auswahl)

Anbieter	ISIN	Verwendung der Gewinne	Jährliche Gebühren
Amundi	LU1681047319	Ausschüttend	0,07 Prozent
BlackRock	DE0005933956	Ausschüttend	0,10 Prozent
BlackRock	IE00B53L3W79	Thesaurierend	0,10 Prozent
DWS	LU0274211217	Ausschüttend	0,09 Prozent
DWS	LU0380865021	Thesaurierend	0,09 Prozent
HSBC	IE00B4K6B022	Ausschüttend	0,05 Prozent
HSBC	IE000MWUQBJ0	Thesaurierend	0,05 Prozent

Quelle: Zusammengestellt nach Angaben der Fondsanbieter *Stand: 31. Dezember 2023*

Heilmittel für nervöse Anleger

Im Unterschied zum Euro Stoxx 50 umfasst der ganz ähnlich klingende Index Stoxx Europe 50 nicht nur die Eurozone, sondern enthält 50 Unternehmen aus ganz Europa. Damit verändert sich die geografische Aufteilung dramatisch. Im Euro Stoxx 50 haben drei Länder, nämlich Frankreich, Deutschland und die Niederlande, zusammen einen Anteil von 80 Prozent an der Marktkapitalisierung. Im Stoxx Europe 50 kommen diese Nationen nurmehr auf rund 45 Prozent. Das Trio muss Platz machen für Großbritannien, die Schweiz und Dänemark. Diese Länder bringen gleich mehrere Börsengiganten mit, die den Branchenmix des Index einschneidend verändern.

Am augenfälligsten sind die Unterschiede bei der Gesundheitsindustrie. Dieser Sektor, bestehend aus Arzneimittelherstellern, Medizintechnik-Unternehmen und Krankenhausketten, kommt im Euro Stoxx 50 lediglich auf einen Anteil von sechs Prozent. Im Stoxx Europe 50 steht diese Branche hingegen für 23 Prozent der Marktkapitalisierung. Der erheblich höhere Anteil hat seine Ursache darin, dass Dänemark, Großbritannien und die Schweiz alle hoch bewertete Pharmakonzerne haben. Das wertvollste Unternehmen des Stoxx Europe 50 ist die dänische Firma Novo Nordisk, deren Abnehmspritzen sich zum Verkaufsschlager entwickelten. Großbritannien steuert die Arzneimittelhersteller AstraZeneca und GlaxoSmithKline bei. Aus der Schweiz kommen die Pharmagiganten Roche und Novartis, zwei der forschungsstärksten Unternehmen der Welt. Im Stoxx Europe 50 hat die wissensintensive Pharmazie die gleiche Bedeutung wie die IT-Industrie für den MSCI World.

Ungeachtet ihres dynamischen Wachstums werden die Informationstechnologien jedoch an den Börsen regelmäßig von schweren Rückschlägen heimgesucht. In markantem Kontrast dazu verläuft die Entwicklung in der Pharmaindustrie verhältnismäßig stetig. Dies ist eindeutig ein Vorzug des Stoxx Europe 50 gegenüber dem MSCI World.

Tabelle 2.13 Pharmaunternehmen haben das höchste Gewicht

Die zehn größten Branchen des Stoxx Europe 50

Branche	*Anteil am Index*
Gesundheitswesen	22,9 Prozent
Industriegüter und -dienstleistungen	9,8 Prozent
Nahrungs- und Genussmittel	9,4 Prozent
Informations- und Kommunikationstechnologien	9,3 Prozent
Energie	8,9 Prozent
Zyklische Konsumgüter	8,8 Prozent
Banken	6,5 Prozent
Versicherungen	5,6 Prozent
Versorgungsunternehmen	3,4 Prozent
Andere konsumnahe Branchen	3,2 Prozent

Quelle: Qontigo — Stand: 31. Dezember 2023

Der drittgrößte Sektor, die Nahrungs- und Genussmittelindustrie, ist ebenfalls weitgehend unabhängig von konjunkturellen Schwankungen. Der Schweizer Lebensmittelriese Nestlé, der britische Zigarettenhersteller BAT und der Londoner Spirituosen- und Bierkonzern Diageo sorgen dafür, dass der Anteil dieses Sektors mehr als doppelt so hoch ist wie im Euro Stoxx 50. Schnaps, Tabak und Fertiggerichte sind zwar nicht gut für die Gesundheit, in einem Aktiendepot sorgen sie jedoch für Stabilität. Auf die Nahrungs- und Genussmittelindustrie, das Gesundheitswesen, die Energieversorger und weitere defensive Branchen entfällt im Stoxx Europe 50 ein Anteil von fast 40 Prozent. So krisenfest wie dieses Börsenbarometer ist kaum ein anderer Leitindex der Welt.

Tabelle 2.14 Stabil, innovativ und profitabel
Indexfonds auf den Stoxx Europe 50 (Auswahl)

Anbieter	ISIN	Verwendung der Gewinne	Jährliche Gebühren
Amundi	FR0010790980	Thesaurierend	0,15 Prozent
BlackRock	IE0008470928	Ausschüttend	0,35 Prozent
Deka	DE000ETFL250	Ausschüttend	0,19 Prozent

Quelle: Zusammengestellt nach Angaben der Fondsanbieter Stand: 31. Dezember 2023

Der Stoxx Europe 50 ist nicht nur sehr stabil, innovativ und zukunftssicher. Er beschert den Anlegern zugleich auch ordentliche Erträge. Von Dezember 2018 bis Dezember 2024 erzielte er Bruttorenditen von durchschnittlich 11,2 Prozent im Jahr. Nettorenditen werden von der Firma Qontigo für diesen Index leider nicht angegeben, dürften sich aber schätzungsweise auf 10,3 Prozent pro Jahr belaufen. Der Euro Stoxx 50 erzielte in der Referenzperiode zwar Renditen, die rund einen Prozentpunkt höher waren. Doch die Anleger dürfen nicht vergessen, dass der Stoxx Europe 50 aufgrund des sehr hohen Anteils defensiver

Branchen erheblich krisenfester ist als der Euro Stoxx 50. Tabelle 2.14 enthält eine Auswahl empfehlenswerter Indexfonds.

Tabelle 2.15 Investments in Europa lohnen sich
Fünf Indizes auf europäische Aktien im Vergleich

Index	Anzahl der Titel	Nettorenditen von 2018 bis 2023
Euro Stoxx 50	50 aus der Eurozone	11,2 Prozent
Stoxx Europe 50	50 aus ganz Europa	10,3 Prozent
MSCI EMU (EUR)	228 aus der Eurozone	9,5 Prozent
MSCI Europe (EUR)	428 aus ganz Europa	9,8 Prozent
Stoxx Europe 600	600 aus ganz Europa	10,1 Prozent

Quelle: MSCI, Qontigo   Stand: 31. Dezember 2023

Wie gut sind die breit aufgestellten Europaindizes?

Neben dem Euro Stoxx 50 und dem Stoxx Europe 50 sind in der Finanzwelt drei weitere Börsenindizes verbreitet, die gleichfalls europäische Aktien abbilden, nämlich der MSCI EMU, der MSCI Europe und der Stoxx Europe 600. Diese Börsenbarometer haben ein erheblich größeres Kaliber; sie umfassen jeweils 200 bis 600 Positionen, während die beiden anderen Indizes nur 50 Unternehmen enthalten. Der höhere Diversifizierungsgrad reduziert natürlich die Risiken eines Investments. Zugleich aber fallen die Renditen etwas geringer aus als bei den enger gefassten Europaindizes, wie Tabelle 2.15 zeigt. Die niedrigsten Werte weist der MSCI EMU auf, der 228 große und mittelgroße Unternehmen aus zehn Ländern der Eurozone enthält. (Das Kürzel EMU steht für European Economic and Monetary Union.) Von Ende 2018 bis Ende 2023 beliefen sich die jährlichen Nettorenditen im Mittel auf 9,5 Prozent. Kaum bessere Ergebnisse erzielte der MSCI Europe, der aus 428 Aktiengesellschaften aus ganz Europa besteht. Von den drei breiten Börsenindizes auf europäische Aktien schneidet der Stoxx Europe 600 im Vergleichszeitraum am besten ab.

Der Stoxx Europe 600 dürfte die erste Wahl für konservative Anleger sein, die möglichst breit und risikoarm in europäische Aktien investieren möchten. Der Index hat in den vergangenen Jahren nicht nur leicht höhere Renditen geliefert als die beiden konkurrierenden MSCI-Produkte, sondern bietet eine Reihe weiterer Vorteile.

- Mit 600 Positionen ist dieser Index das am breitesten kalibrierte Börsenbarometer auf europäische Aktien. Er besteht nicht nur aus Großunternehmen wie der Euro Stoxx 50 und der Stoxx Europe 50, sondern enthält auch Hunderte von mittelgroßen und kleinen Aktiengesellschaften.
- Die defensiven Sektoren Gesundheit, Energieversorger und Nicht zyklische Konsumgüter kommen mit mehr als 30 Prozent auf einen vergleichsweise hohen Anteil. Zugleich haben ausgeprägt konjunktur- und krisenanfällige Branchen wie Industriegüter und Finanzdienstleistungen eine verhältnismäßig geringe Bedeutung. All dies bietet eine gewisse Garantie, dass ein Anleger bei einem Börsenkrach nicht gleich Haus und Hof verliert.
- Obendrein ist die geografische Verteilung ausgewogen: Kein Land hat am Index einen größeren Anteil als 25 Prozent. Neben Großbritannien, Frankreich und

Deutschland nehmen auch kleinere Länder wie Dänemark, die Schweiz und die Niederlande prominente Plätze ein.

Freilich gehen Anleger, die sich für den Stoxx Europe 600 entscheiden, gewisse Währungsrisiken ein. Rund die Hälfte der Unternehmen kommt aus Ländern, die nicht der Eurozone angehören. Diese Aktiengesellschaften bilanzieren in britischen Pfund, dänischer Krone oder Schweizer Franken, die gegenüber dem Euro zuweilen deutliche Schwankungen verzeichnen. Doch die Wechselkurse verändern sich keineswegs im Gleichtakt. Sinkt das Pfund, steigt oft gleichzeitig der Franken. Abwertungen und Aufwertungen gleichen sich meist weitgehend aus. Der Nettoeffekt ist aus Sicht von Anlegern, die in Euro rechnen, in der Regel zu vernachlässigen. Risikoaverse Anleger, die nur einen einzigen ETF kaufen möchten und die zugleich bei ihren Investments Europa favorisieren, sind gut beraten, wenn sie sich für den Stoxx Europe 600 entscheiden. Tabelle 2.16 enthält eine Auswahl kostengünstiger Indexfonds.

Tabelle 2.16 Für konservative Anleger geeignet
Indexfonds auf den Stoxx Europe 600 (Auswahl)

Anbieter	ISIN	Verwendung der Gewinne	Jährliche Gebühren
Amundi	LU0908500753	Thesaurierend	0,07 Prozent
BNP Paribas	FR001550193	Thesaurierend	0,20 Prozent
BlackRock	DE0002635307	Ausschüttend	0,20 Prozent
DWS Group	LU0328475792	Thesaurierend	0,20 Prozent

Quelle: Zusammengestellt nach Angaben der Fondsanbieter   *Stand: 31. Dezember 2023*

Ein Musterportfolio für Zukunftsinvestments

Der Euro Stoxx 50 und der Stoxx Europe 50 erzielen zwar höhere Renditen als der Stoxx Europe 600, sind aufgrund der begrenzten Anzahl von Positionen aber nicht gerade ideale Kandidaten für ein Stand-alone-Investment. Sie eignen sich jedoch sehr gut als Ergänzung zum MSCI World. Viele Anleger, die ein Investment in europäische Aktien erwägen, haben bereits einen ETF auf den Weltindex. Sie sind nun womöglich auf der Suche nach einem zweiten Baustein für ihr Portfolio, mit dem sie dessen Nachteile, etwa die Dominanz der USA, kompensieren können. Wer ein Portfolio bildet, das zu gleichen Teilen aus dem MSCI World und einem Europaindex besteht, kann den Anteil amerikanischer Unternehmen mit einem Schlag auf 35 Prozent halbieren. Ein weiterer Nachteil des MSCI World ist die große Bedeutung der IT-Industrie. Dieses Übergewicht kann am besten mit dem Stoxx Europe 50 reduziert werden. Dessen Stärke ist wie erwähnt das Gesundheitswesen, das auf einen Anteil von 23 Prozent kommt. Im MSCI World ist die Quote nur ungefähr halb so hoch. Auf der anderen Seite ist der Stoxx Europe 50 recht schwach in den Informationstechnologien. Wer seine Investments gleichmäßig auf diese beiden Indizes verteilt, kann auf elegante Weise die jeweiligen Stärken und Schwächen ausgleichen.

- Zum einen besteht dieses Portfolio zu mehr als einem Drittel aus den wohl wichtigsten Sektoren der globalen Wirtschaft. Die Informationstechnologien treiben den ökonomischen Fortschritt voran; künstliche Intelligenz ist eine Schlüsseltechnologie der Zukunft. Zugleich

wird das Thema Gesundheit angesichts der Überalterung der Gesellschaft und des zunehmenden Gesundheitsbewusstseins immer wichtiger.
- Überdies sind diese beiden Zukunftssektoren in einem Portfolio, das zu gleichen Teilen aus dem MSCI World und dem Stoxx Europe 50 besteht, annähernd gleichgewichtig vertreten: Auf die IT-Industrie entfällt, je nach Definition, eine Quote von 16 bis 20 Prozent. Die Gesundheitswirtschaft stellt rund 18 Prozent. Keine der beiden Branchen hat also ein Übergewicht.
- Schließlich gleichen sich die Chancen-Risiko-Profile der beiden Indizes in idealer Weise aus. Die Informationstechnologien erzielten in den vergangenen Jahren meist deutlich höhere Gewinne als die Gesundheitsindustrie, doch sie erlitten immer wieder schwere Rückschläge. Hingegen zeigte der Sektor Health Care eine sehr stabile Entwicklung; die Wertverluste waren auch in schweren Krisen wesentlich geringer als etwa beim MSCI World.

Anstelle des Stoxx Europe 50 könnte der zweite Baustein, der den MSCI World ergänzen soll, auch der Euro Stoxx 50 sein. Dieser Index spiegelt andere Stärken Europas wider, nämlich eine hohe Kompetenz auf bestimmten Feldern der Informationstechnologien und der Industriegüter. Allerdings sind es nur einige wenige Unternehmen, die auf diesen Gebieten glänzen – so etwa Airbus, ASML und SAP. Eine solche Abhängigkeit von einzelnen Firmen schafft gewisse Risiken, die konservative Anleger vielleicht lieber vermeiden. Andererseits erzielt der Euro Stoxx 50 etwas bessere Renditen als der Stoxx Europe 50. Letztlich ist die

Wahl zwischen den verschiedenen Indizes eine Frage der persönlichen Einschätzungen und Vorlieben. Das Gleiche gilt für die Frage, welches Gewicht die ausgewählten Produkte in einem Portfolio erhalten sollten. In diesem Buch sollen nur Hinweise gegeben werden – entscheiden müssen die Leser. Dies gilt auch für die folgenden Seiten, auf denen weitere Bausteine für ein Portfolio aus ETFs erörtert werden.

Teil III: Auf der Suche nach höheren Renditen

3.1 Einleitung und Überblick

Viele Anleger, die in den vergangenen Jahren ihre Liebe zu Indexfonds entdeckten, haben inzwischen Zweifel, ob dies die richtige Entscheidung war, denn die Inflation droht die Erträge zu verschlingen, die sich mit diesen Investmentprodukten erzielen lassen. Ein ETF auf den Dax brachte 2023 Renditen von etwa 7,7 Prozent. Zugleich stiegen die Verbraucherpreise in Deutschland aber um 3,7 Prozent. Die Inflation verzehrte also nahezu die Hälfte der Bruttorenditen. Überdies müssen auf Kapitalerträge Steuern gezahlt werden. Der Fiskus schaut jedoch auf die nominalen Renditen, nicht auf das, was für die Anleger real übrig bleibt, wenn der Kaufkraftverlust berücksichtigt wird. Bei realen Renditen von zwei oder drei Prozent lässt sich ein Vermögen lediglich im Schneckentempo aufbauen. Wer mit einem ETF-Sparplan etwas für die Altersvorsorge tun möchte, schaut dereinst womöglich in die Röhre.

Beim MSCI World sieht die Bilanz für 2023 zwar erheblich besser aus: Die Fondsrenditen waren mehr als doppelt so hoch wie beim Dax. Doch 2022 erlitt der Weltindex einen massiven Wertverlust von 18 Prozent. In keinem anderen Jahr seit der globalen Finanzkrise gab es einen annähernd so tiefen Einbruch. Ein Jahr später hatte der Index das Minus zwar wieder wettgemacht, doch die hohen Verluste haben viele Anleger skeptisch gestimmt; sie befürchten, dass der MSCI World sie auch künftig schwer enttäuschen könnte. Überdies wird auch dieser Index in den kommenden Jahren keine Traumrenditen liefern, wenn es der EZB nicht gelingt, die Inflation einzudämmen. Steigen die Preise in den kommenden Jahren ebenso stark wie 2023, dann lassen sich mit einem ETF auf den Weltindex nach Steuern nurmehr reale Renditen von vielleicht fünf oder sechs Prozent erzielen. Dies ist vielen Anlegern, die in den vergangenen Jahren mit Spitzenerträgen verwöhnt wurden, eindeutig zu wenig. Sie suchen nach Alternativen, die besser für die Vermögensbildung geeignet sind.

Solche unzufriedenen Investoren greifen häufig zu sogenannten Themenfonds, die angeblich höhere Renditen liefern als die regionalen Börsenindizes. Hierbei handelt es sich allerdings um sehr verschiedene Produkte, die sich in drei Gruppen einteilen lassen. Die erste Gruppe besteht aus Indexfonds, die einen bestimmten sozialen oder ökonomischen Trend nachzeichnen, etwa neue Moden und Konsumgewohnheiten, von denen bestimmte Unternehmen und Branchen besonders profitieren. Eine zweite Kategorie bildet Investmentstrategien ab, die bei professionellen Anlegern beliebt sind. Banken, Staatsfonds und Versicherungen investieren oft gezielt in Unternehmen, die bestimmte Kriterien erfüllen wie ein hohes Wachstum oder eine zu niedrige Bewertung an der Börse. Die dritte Gruppe sind Indexfonds, die in einzelne Branchen investieren, wo vermeintlich besonders gute Zukunftsperspektiven und Gewinne winken. Beliebt bei den Investoren sind zum Beispiel die Energiewirtschaft, das Gesundheitswesen und die Informationstechnologien.

Die Finanzindustrie hat in den vergangenen Jahren weit mehr als tausend solcher Themenfonds auf den Markt geworfen. Für die Fondsanbieter ist dies sehr lukrativ: Sie können bei diesen Produkten erheblich höhere Gebühren verlangen als bei ETFs auf den Dax oder den MSCI World. Die Anleger sollten sich jedoch klarmachen, dass diese Indexfonds in der Regel keine so breite Streuung der Investments erlauben wie die regionalen Börsenindizes: Der Weltindex besteht aus 1500 Unternehmen; viele Themenfonds enthalten jedoch nur ein paar Dutzend Positionen. Bei einer so kleinen Zahl sind die Verlustrisiken erheblich höher. Zugleich liefern nur wenige Themenfonds tatsächlich bessere Renditen als der MSCI World. Bei den meisten dieser Produkte fielen die Erträge in der Vergangenheit hingegen deutlich niedriger aus; oft gab es blutrote Zahlen. Die Anleger müssen also sehr genau hinschauen, bevor sie einen ETF kaufen, der einen sozialen Trend, eine Investmentstrategie oder eine angeblich zukunftsträchtige Branche abbildet.

Skepsis ist vor allem bei den Produkten geboten, die in Abschnitt 3.2 vorgestellt werden. Dies sind Indexfonds, die versuchen, soziale und ökonomische Trends abzubilden. Hierzu gehört zum Beispiel der demografische Wandel. Kaum eine andere Entwicklung wird Wirtschaft und Gesellschaft in den nächsten Jahrzehnten so stark prägen wie die alternde Bevölkerung. Solche hochkomplexen Themen übersteigen allerdings glasklar die Kompetenz der Finanzindustrie. Ungeachtet zahlloser Studien ist unter Experten nach wie vor umstritten, wie sich der steigende Anteil von Senioren auf die Volkswirtschaft und die einzelnen Branchen auswirken wird. Welche Konsumgüter kaufen zum Beispiel Rentner? Sind dies völlig andere als jene, die Berufstätige bevorzugen? Oder kaufen Senioren im Wesentlichen dieselben Erzeugnisse? Die Hersteller und Anbieter von Konsumgütern beschäftigen Heerscharen von Marktforschern, um die Bedürfnisse, Wünsche und Vorlieben älterer Konsumenten herauszufinden. Wissen Analysten und Fondsmanager dies tatsächlich besser als die Experten? Keiner der analysierten Trend-ETFs hat bislang Renditen erzielt, die höher waren als die Erträge des MSCI World. Nicht wenige dieser Indexfonds vernichteten den Großteil des investierten Kapitals.

Differenzierter zu beurteilen ist die zweite Gruppe von Themenfonds. Dies sind ETFs, die jeweils eine besondere Anlagestrategie nachzeichnen. Professionelle Investoren achten häufig auf bestimmte Faktoren, die ihrer Meinung nach einen entscheidenden Einfluss darauf haben, wie gut die Aktienkurse eines Unternehmens sich künftig entwickeln. Ein solcher Erfolgsfaktor wird oft in grundsoliden Finanzen gesehen. Dahinter steht die plausible Überlegung, dass eine Firma mit einer bombensicheren Bilanz die besten Chancen hat, die unvermeidlich kommende nächste Rezession heil zu überstehen – während Unternehmen mit hohen Schulden dann womöglich zusammenbrechen. Auch private Anleger können sich an dieser Investmentstrategie orientieren. Sie brauchen hierzu allerdings nicht bei jeder Aktie eingehend die Bilanz zu prüfen, sondern können zu Indexfonds greifen, die systematisch in Unternehmen mit soliden Finanzen investieren. Als Faktorindizes sind diese Produkte in der Finanzwelt bekannt, acht davon werden in Abschnitt 3.3 vorgestellt. Auch hier sollten die Anleger jedoch auf der Hut sein: Die meisten Investmentstrategien funktionieren schlicht nicht. Dies zeigt ein nüchterner Blick auf die Zahlen: Eine einzige Anlagestrategie lieferte in der Vergangenheit stets bessere Renditen als der MSCI World, und zwar Investments in Unternehmen mit soliden Bilanzen. Zwei weitere Faktorindizes schnitten zeitweise besser ab als der Weltindex, haben in jüngster Zeit aber enttäuschende Ergebnisse gezeitigt. Fünf Strategien lieferten hingegen stets schlechtere Renditen als der MSCI World.

In Abschnitt 3.4 werden elf Branchenindizes vorgestellt, die alle aus dem MSCI World abgeleitet wurden. Die Branchen sind jeweils breit definiert; in der Fachwelt wird auch von Sektoren gesprochen. Eine breit definierte Branche bildet zum Beispiel der MSCI World Information Technology Index ab; er umfasst mehrere Teilbranchen wie Halbleiter, Hardware und Software. Dieser Sektorindex ist zugleich der einzige, der in den vergangenen Jahren erheblich bessere Erträge als der MSCI World abwarf: Von Ende 2013 bis Ende 2023 betrugen die Renditen 18 Prozent, waren also doppelt so hoch wie beim Weltindex. Bei zwei weiteren Sektoren lagen die Werte leicht über dem MSCI World, nämlich beim Gesundheitswesen und den Zyklischen Konsumgütern. Acht der elf analysierten Sektorindizes lieferten von 2013 bis 2023 hingegen schlechtere Ergebnisse als der Basisindex MSCI World. Wer daran denkt, einen ETF auf einen Sektorindex zu kaufen, sollte zuvor sorgfältig prüfen, wie profitabel ein Investment in der Vergangenheit war.

3.2 Trügerische Trends

Auf den ersten Blick klingt die Idee bestechend: Wer frühzeitig in einen neuen Trend investiert, erzielt womöglich höhere Renditen, als der breite Markt sie bietet. In der Tat können politische, gesellschaftliche und ökonomische Entwicklungen einzelnen Unternehmen und Branchen einen kräftigen Aufschwung bescheren. Wer aber von einem neuen Trend profitieren will, muss diesen zwingend früher erkennen als andere Marktteilnehmer. Hierzu sind die allermeisten privaten Anleger aus Mangel an Wissen und Erfahrung schlicht nicht in der Lage. Auch die ETF-Anbieter verfügen in der Regel nicht über das erforderliche Knowhow, um einen neuen Trend rechtzeitig aufzuspüren. Sie bilden meist die Themenindizes von Indexanbietern nach, die ebenfalls keine versierten Experten für die großen Entwicklungslinien der Zukunft haben. Folglich kommen neue Themenfonds meist erst dann auf den Markt, wenn der abgebildete Trend längst Stadtgespräch ist und seine Dynamik weitgehend eingebüßt hat.

Wie fragwürdig es ist, eine vermeintlich neue Entwicklung nachzubilden, zeigt exemplarisch das französische Fondshaus Lyxor. 2020 kreierte die Investmentgesellschaft einen Indexfonds, der die speziellen Konsumgewohnheiten der Generation Y widerspiegeln sollte. Dies sind Menschen, die in der Zeit von etwa 1980 bis 2000 geboren wurden. Da damals ein Jahrtausend endete und ein neues Millennium begann, bezeichnen angelsächsische Soziologen und Marketingexperten diese Altersgruppe gerne als „Millennials". Als Lyxor den Indexfonds für die „Jahrtausendlinge" auflegte, waren die Angehörigen der Generation Y bereits großenteils 30 bis 40 Jahre alt. Wenn die Millennials mit ihren besonderen Vorlieben tatsächlich die Nachfrage nach bestimmten Konsumgütern prägen sollten, war dies 2020 gewiss kein neuer Trend mehr. Der ETF-Anbieter Lyxor, der inzwischen vom Pariser Konkurrenten Amundi übernommen wurde, kam mit seiner Idee viele Jahre zu spät auf den Markt. Dies dürfte einer der Gründe dafür sein, dass sich der Indexfonds als blamabler Fehlschlag erwies. Laut Angaben des Anbieters hat der ETF Lyxor MSCI Millennials ESG Filtered vom März 2020 bis zum Oktober 2023 einen kumulierten Wertverlust von vier Prozent eingefahren. Mittlerweile richtet sich die Aufmerksamkeit der Marketingexperten auf die Generation Z, also die jungen Menschen, die nach dem Millennium geboren wurden und jetzt in das Alter kommen, in dem sie Geld verdienen und dies ausgeben können.

Ähnlich wie Amundi hat BlackRock einen demografischen Themenfonds aufgelegt. Allerdings hat dieser nicht die Millennials im Visier, sondern Menschen im Alter von mehr als 60 Jahren. 2016 startete der New Yorker Asset-Manager den ETF iShares Ageing Population. Er soll Unternehmen abbilden, die von der steigenden Zahl an Senioren in den Industrieländern profitieren. Der demografische Wandel ist jedoch keineswegs neu. Seit Beginn der Industrialisierung nimmt die Lebenserwartung kontinuierlich zu. Ernährung, Hygiene und medizinische Versorgung haben sich stark verbessert. Zugleich sind die Geburtenraten seit dem Ende der 1960er-Jahre kräftig gesunken. Diese beiden Trends haben gemeinsam dazu geführt, dass der Anteil von älteren Menschen an der Bevölkerung erheblich gestiegen ist. Diese Entwicklung wird sich voraussichtlich fortsetzen. Laut einer Berechnung des Statistischen Bundesamts steigt die Zahl der Menschen in Deutschland, die 67 Jahre oder älter sind, bis Mitte der 2030er-Jahre von derzeit 16,5 Millionen auf mindestens 20 Millionen.

Es ist jedoch außerordentlich kompliziert, die ökonomischen und finanziellen Auswirkungen einer solchen Entwicklung einigermaßen präzise vorherzusagen. Seit vielen Jahren führen Wissenschaftler und andere Experten zu dieser Frage hitzige Debatten, ohne bisher einen Konsens erreicht zu haben. Welche wissenschaftlichen Erkenntnisse dem Indexfonds von BlackRock zugrunde liegen, ist nicht ersichtlich. Der ETF bezieht sich auf den Stoxx Global Ageing Population Index, den Qontigo, eine Tochter der Deutschen Börse, konzipiert hat. Der Anbieter gibt ebenfalls keine Hinweise, auf welchen Forschungsergebnissen sein Index beruht. Jedenfalls gibt es bessere Möglichkeiten, sein Geld anzulegen, als den Demografiefonds von BlackRock zu kaufen: Die Bruttorenditen, die dieser ETF von Ende 2018 bis Ende 2023 erzielte, waren nur gut halb so hoch wie beim MSCI World.

Welches Kraut haben die nur geraucht?
Immerhin bekommen die Anleger beim BlackRock-ETF noch positive Erträge. Das aber ist bei vielen anderen thematischen Indexfonds nicht der Fall. Kleinere Fondshäuser, die mit aller Macht Fuß fassen wollen im boomenden ETF-Geschäft, überschwemmen den Markt mit Produkten, die noch den abwegigsten Trend abbilden. Nahezu

immer sind rote Zahlen programmiert, so etwa bei einem ETF auf E-Sports und Videospiele, den der New Yorker Asset-Manager VanEck auflegte. Der Indexfonds, der immerhin rund 500 Millionen Dollar einsammelte, bescherte den Anlegern nichts als Verluste. Als sich in einigen Ländern die Legalisierung von Marihuana abzeichnete, brachten findige Fonds-Boutiquen hurtig Produkte für Cannabis auf den Markt. Einer dieser ETFs wurde inzwischen aufgelöst; ein zweiter transferierte mehr als 60 Prozent der Kundengelder ins Nirwana. Da fragt man sich, welches Kraut die Initiatoren geraucht haben.

In Deutschland wird ein halbes Dutzend Indexfonds angeboten, die ein Thema abbilden wollen, bei dem dies aus Mangel an geeigneten Unternehmen praktisch nicht möglich ist. Es handelt sich um gesunde, nachhaltige Ernährung, die in Einklang steht mit Naturschutz und der Bewahrung der Artenvielfalt. Diesem wichtigen Ziel haben sich zum Beispiel Biolandwirte, Naturkostläden und Bäcker verschrieben, die Brot nach bewährten traditionellen Verfahren backen. Doch hierbei handelt es sich nahezu ausschließlich um Kleinbetriebe in Familienbesitz. Welcher Bäcker oder Bauer wäre an der Börse notiert? Auch Biomarktketten wie Alnatura sind dies in der Regel nicht.

Einer der größten Indexfonds, die Investments in nachhaltige Ernährung versprechen, ist der ETF Food for Biodiversity des französischen Fondshauses Ossiam. Er enthält Supermarktketten aus den USA und Australien, den Lebensmittelkonzern Unilever (Pfanni-Knödel, Langnese-Eis) sowie den Bratklops-Giganten McDonald's. Ferner befindet sich in dem ETF die britische Whitbread-Gruppe, zu der die Maredo-Steakhäuser und die Imbisskette Pizza Hut gehören. Der Verzehr von Pizzen, Steaks und Hamburgern dient dem Artenschutz? Aha. Diese Indexfonds enthalten aber nicht nur allzu wenig Vollwertkost, sondern sind auch wenig nahrhaft für die Rendite: Keiner der in den vergangenen Jahren aufgelegten sechs ETFs für Sustainable Food hat bislang einen Wertzuwachs erzielt. Vielmehr schwimmen sie in einem See roter Zahlen. Von solchen Produkten sollten Investoren besser die Finger lassen.

3.3 Strategische Sackgassen

Gibt es allgemeine Faktoren, die Einfluss darauf haben, wie gut oder wie schlecht sich Aktienkurse an der Börse entwickeln? Dies versuchen Wissenschaftler seit mehreren Jahrzehnten herauszufinden. Laut dem amerikanischen Finanzökonomen Eugene Fama gibt es zwei solcher Faktoren. Dies ist zum einen die Firmengröße: Aktiengesellschaften mit einem geringen Börsenwert erzielen im Durchschnitt höhere Renditen als Konzerne mit einer hohen Marktkapitalisierung. Überdies spielt das Verhältnis von Börsenwert und Buchwert eine wichtige Rolle. Letzterer gibt das Reinvermögen eines Unternehmens an, das berechnet wird, indem von den werthaltigen Vermögenswerten der Firma die Verbindlichkeiten abgezogen werden. Ist der Börsenwert erheblich niedriger als der Buchwert, hat eine Aktie im Allgemeinen ein großes Kurspotenzial. Ist die Marktkapitalisierung bereits relativ hoch, darf keine überdurchschnittlich gute Wertentwicklung erwartet werden.

Ganz ähnlich schaut die Anlagestrategie des amerikanischen Investmentguru Warren Buffett aus. Er investierte lange Zeit überwiegend in Aktiengesellschaften, die an der Börse verhältnismäßig schlecht bewertet wurden. Es waren häufig ziemlich langweilige Unternehmen wie Coca-Cola, die sich aber nach Buffetts Einstieg oft als Kursraketen herausstellten.

Nach Fama, der 2013 mit dem Wirtschaftsnobelpreis ausgezeichnet wurde, haben andere Finanzökonomen später weitere Erfolgsfaktoren für Aktieninvestments identifiziert. Diese gelten aber anscheinend oft nur für bestimmte Länder oder ausgewählte Zeiträume, sind also nicht allgemeingültig. Dennoch hat die Finanzindustrie eine Fülle von Börsenindizes aufgelegt, die angebliche oder tatsächliche Erfolgsfaktoren abbilden. So bietet MSCI eine Reihe von Strategie- oder Faktorindizes an, die auf dem MSCI World beruhen. Aus dem Weltindex wurden alle Unternehmen ausgewählt, die jeweils die Anforderungen bestimmter Investmentstrategien erfüllen. Die Methoden sind jedoch recht kompliziert; meist werden bei der Auswahl mehrere Einzelkriterien angewandt. Zu den Konzepten und Verfahren teilt der Indexanbieter nicht allzu viele Details mit. Überdies schneiden die meisten Faktorindizes schlechter ab als der MSCI World. Zwei liefern erheblich bessere Erträge als der Weltindex, doch ausgerechnet für diese beiden sind in Deutschland offenbar keine Indexfonds zugelassen. Diese Faktorindizes und ihre finanzielle Performance werden im Folgenden kurz vorgestellt. Basis des Vergleichs ist die übliche Zehnjahresperiode von 2013 bis 2023. Angegeben werden im Allgemeinen Bruttorenditen.

Grundsolide Finanzen. Dies ist eine sehr konservative Investmentstrategie, die sich vor allem für unruhige Zeiten

eignet. Der Kerngedanke besteht darin, auf die Qualität der Bilanz zu achten. Anleger, die diesem Konzept folgen wollen, sollten drei essenzielle Fragen klären:
- Erzielt das Unternehmen, in das ich investieren will, hohe Gewinne? Entwickeln sich die Erträge im Zeitverlauf stabil oder gibt es von Jahr zu Jahr ein heftiges Auf und Ab?
- Ist die Eigenkapitalrendite hoch genug? Hierbei handelt es sich um die Relation des Reingewinns zu den haftenden Eigenmitteln. Diese Größe ist ein Indikator dafür, wie gut sich das Kapital der Investoren verzinst.
- Hält sich die Verschuldung der Firma im Rahmen? Das entscheidende Kriterium ist hier das Verhältnis des Fremdkapitals zur Bilanzsumme. Je weniger Schulden ein Unternehmen hat, desto größer sind seine Chancen, die nächste Krise ohne größere Schäden zu überstehen.

Eine Investmentstrategie, die auf hohe Bilanzqualität setzt, wird zum Beispiel vom MSCI World Quality Index abgebildet. In den vergangenen zehn Jahren hat dieser Faktorindex erheblich höhere Erträge erzielt als der MSCI World: Von Ende 2013 bis Ende 2023 betrugen die jährlichen Bruttorenditen im Durchschnitt 12,2 Prozent; der Basisindex erreichte hingegen nur 9,2 Prozent. Keine andere Aktienstrategie liefert so hohe Erträge wie dieser Faktorindex (siehe Tabelle 3.1). Leider werden auf diesen Index in Deutschland keine ETFs angeboten. Es sind lediglich zwei Indexfonds auf die Variante MSCI World Sector Neutral Quality Index erhältlich. „Sector Neutral" bedeutet, dass die Branchenstruktur exakt dem MSCI World entspricht, was beim MSCI World Quality nicht der Fall ist. Diese zusätzliche Anforderung tut den Erträgen offenbar nicht gut: Die Renditen betragen im Schnitt 9,5 Prozent, also lediglich 0,3 Prozentpunkte mehr als beim Weltindex. Eine so geringe Differenz ist sicher kein hinreichender Grund für ein Investment.

Tabelle 3.1 Für die beiden besten Strategien sind keine Indexfonds erhältlich

Die wichtigsten Faktorindizes im Vergleich

Strategie	Index	Jährliche Bruttorenditen von 2013 bis 2023
Solide Finanzen	MSCI World Quality	12,2 Prozent
Wachstum	MSCI World Growth	11,3 Prozent
Anhaltend steigende Kurse	MSCI World Momentum	10,3 Prozent
Solide Finanzen	MSCI World Sector Neutral Quality	9,5 Prozent
Basisindex	MSCI World	9,2 Prozent
Mehrere Faktoren	MSCI World Diversified Multiple Factor	8,2 Prozent
Geringe Kursschwankungen	MSCI World Minimum Volatility	8,0 Prozent
Kleine Aktiengesellschaften	MSCI World Small Cap	7,3 Prozent
Hohe Dividenden	MSCI World High Dividend Yield	6,7 Prozent
Unterbewertete Aktien	MSCI World Enhanced Value	5,4 Prozent*

*Nettorenditen
Quelle: Zusammengestellt nach Angaben von MSCI   Stand: 31. Dezember 2023

Hohes Wachstum. Diese Strategie ist völlig anders ausgerichtet als der MSCI World Quality: Sie besteht darin, in Unternehmen zu investieren, die Umsätze und Gewinne in der absehbaren Zukunft mutmaßlich besonders stark steigern können. Es geht also, zugespitzt formuliert, um Hoffnungswerte. Zu den fünf Kriterien, auf denen der MSCI World Growth Index beruht, gehören die künftige Entwicklung der Gewinne je Aktie auf kurz- wie langfristige Sicht. Solche Prognosen sind allerdings unvermeidlich mit großen Unsicherheiten behaftet. Der Index hat also einen stark spekulativen Charakter, beschert den Anlegern jedoch ebenfalls gute Erträge. Von 2013 bis 2023 lieferte der Index im Mittel jährliche Bruttorenditen von 11,3 Prozent – gut 2 Prozentpunkte mehr als der MSCI World. Hierzulande werden ebenfalls keine ETFs auf diesen Index angeboten.

Anhaltende Kursdynamik. Aktien, die bereits stark gestiegen sind, setzen ihren Höhenflug erfahrungsgemäß oft noch eine Zeit lang fort. Auf diese „Schwungkraft" setzt die Momentum-Strategie: Es wird gezielt in Unternehmen investiert, deren Kurse in den vergangenen sechs oder zwölf Monaten deutlich stärker zugelegt haben als die Börse insgesamt. Die angekauften Aktien werden allerdings nur relativ kurze Zeit gehalten, denn die Kursdynamik erlahmt meist schnell. Auf diesem Konzept beruht der MSCI World Momentum Factor. Über zehn Jahre hinweg betragen die jährlichen Renditen im Mittel 10,3 Prozent, also etwas mehr als beim MSCI World. Doch die guten Renditen sind offenbar im Zeitverlauf nicht stabil: Von 2020 bis 2023 beliefen sich die Erträge lediglich auf

2,2 Prozent, während der MSCI World auf 7,8 Prozent kam. Der starke Rückgang sollte die Anleger skeptisch stimmen. Anscheinend hat die Momentum-Strategie beträchtlich an Schwungkraft verloren.

Geringe Volatilität. Heftige Kurskapriolen beunruhigen viele Anleger. Solche Investoren nehmen die Fondsgesellschaften mit Produkten aufs Korn, die eine geringe Volatilität versprechen, wo die Kursschwankungen sich also in gewissen Grenzen halten. In Deutschland werden drei größere ETFs angeboten, die den MSCI World Minimum Volatility abbilden. Dessen Wertentwicklung ist allerdings nicht sonderlich überzeugend: Die Bruttorenditen belaufen sich im Schnitt auf acht Prozent je Jahr. Auch hier sind die Renditen im Zeitverlauf alles andere als stabil: Von 2020 bis 2023 erzielte der Index lediglich Bruttorenditen von rund vier Prozent. Überdies bietet der Index ausgerechnet in schweren Krisen keinen Schutz gegen einen massiven Kursverfall. Nach dem Ausbruch der Pandemie war die Wertentwicklung erheblich schlechter als beim MSCI World. Es spricht also wenig für einen ETF auf diesen Index.

Kleine Unternehmen. In den internationalen Börsenindizes bilden amerikanische Tech-Stars wie Apple, Amazon oder Microsoft fast unausweichlich die größten Positionen. Wer die Risiken fürchtet, die von diesen hoch bewerteten Konzernen ausgehen, kann zu einem Indexfonds greifen, der den MSCI World Small Cap abbildet. Dieser Index enthält mehr als 4000 kleine Aktiengesellschaften aus den Industrieländern; die Marktkapitalisierung reicht von rund 40 Millionen bis 14 Milliarden Dollar. Die Anleger dürfen jedoch keine Spitzenerträge erwarten: Die Bruttorenditen des MSCI World Small Cap bewegen sich bei 7,3 Prozent pro Jahr. Auch beim M-Dax und dem S-Dax, den beiden deutschen Aktienindizes für Nebenwerte, waren die Erträge in den vergangenen Jahren nicht berauschend. Diese Resultate stehen in eklatantem Widerspruch zu den Forschungsergebnissen, zu denen der Nobelpreisträger Eugene Fama und andere Finanzökonomen in den 1980er- und 1990er-Jahren gekommen sind. Dies ist ein schlagendes Indiz dafür, dass solche wissenschaftlichen Erkenntnisse nicht vorschnell verallgemeinert werden dürfen. Sie gelten häufig nur für bestimmte Länder und Zeiträume.

Hohe Dividenden. Für viele Aktionäre ist entscheidend, wie hoch die ausgeschütteten Gewinne sind. Von Kursgewinnen, die nur auf dem Papier stehen, kann sich niemand etwas kaufen. Rentner und Pensionäre, die ihre Altersbezüge mit Kapitalerträgen aufbessern wollen, bevorzugen daher Unternehmen, die regelmäßig gute Dividenden zahlen. In Deutschland werden rund zwei Dutzend Indexfonds angeboten, die eine Dividendenstrategie nachbilden. Es handelt sich in der Regel um ausschüttende ETFs; die Dividenden, die die Portfoliounternehmen an die Fonds überweisen, werden also an die Anleger weitergereicht. Die Renditen dieser Indexfonds unterscheiden sich jedoch deutlich voneinander. Überdies schwanken die Erträge im Zeitverlauf recht stark. Generelle Aussagen zum Erfolg von Dividendenstrategien sind daher nur schwer möglich.

Anleger sollten jedoch bedenken, dass die Wertentwicklung eines Index nicht nur von den ausgeschütteten

Gewinnen abhängt, sondern meist in höherem Maße vom Anstieg der Aktienkurse. Unternehmen mit hohen Dividendenrenditen kommen häufig aus stagnierenden Branchen mit schwacher Kursentwicklung. Viele Versicherer, Banken und Versorgungsunternehmen verdienen zwar gut, investieren aber wenig, da sie kaum Wachstumschancen sehen. Sie können daher den Großteil der Gewinne an die Aktionäre auskehren. Unternehmen mit dürftigen Wachstumsaussichten gehören aber nicht gerade zu den Favoriten der Börse. Der MSCI World High Dividend Yield Index, der vorzugsweise wachstumsschwache Unternehmen mit hohen Dividendenrenditen enthält, weist daher keine überragende Wertentwicklung auf: Von 2013 bis 2023 lieferte er im Mittel nur Bruttorenditen von 6,7 Prozent pro Jahr.

Unterbewertete Titel. Anleger versuchen oft, Aktien aufzuspüren, deren wahre Werte von der Börse noch nicht erkannt worden sind. Wenn ein Investor solche Titel früher findet als andere, kann er womöglich von schönen Kursgewinnen profitieren – irgendwann müssen die Finanzmärkte ja die Reize der Mauerblümchen entdecken. Ein Strategieindex, der diesem Konzept folgt, ist der MSCI World Enhanced Value. Er beruht auf drei Auswahlkriterien: der Dividendenrendite, dem Verhältnis des Börsenwertes zum Buchwert und der Relation der prognostizierten Gewinne zu den aktuellen Aktienkursen. Der Index beschert den Anlegern jedoch keineswegs traumhafte Gewinne. Bruttorenditen wie bei den anderen Faktorindizes gibt MSCI bei diesem Produkt ärgerlicherweise nicht an. Die Nettorenditen betrugen von 2013 bis 2023 im

Durchschnitt 5,4 Prozent im Jahr. Brutto dürften es schätzungsweise rund sechs Prozent gewesen sein. Das ist der schlechteste Wert unseres Vergleichs.

Dieses ernüchternde Resultat ist ein weiterer Tiefschlag für den Nobelpreisträger Eugene Fama, der Anfang der 1990er-Jahre zu dem Ergebnis kam, dass ein niedriges Börsenwert-Buchwert-Verhältnis ein zuverlässiger Indikator für eine künftig überdurchschnittlich gute Entwicklung eines Aktienkurses sei. Eine einfache Überlegung hilft, den Widerspruch aufzulösen: Die Erkenntnisse der Wissenschaftler sind der Finanzindustrie nicht verborgen geblieben. Seit vielen Jahren investieren Banken, Staatsfonds und andere institutionelle Anleger in großem Stil in Aktien, die sie für unterbewertet halten. Die massiven Investments haben zur Folge, dass die Kurse der ursprünglich schlecht bewerteten Zielunternehmen kräftig anziehen. Im Ergebnis verschwinden die Bewertungsdifferenzen nahezu komplett; die Chancen, mit Investments in vermeintlich unterbewertete Aktien Überrenditen zu erzielen, fallen auf den Grenzwert null. Die Erkenntnisse von Eugene Fama sind ein klassischer Fall einer „self-destroying prophecy", einer Prognose, die ihre eigenen Grundlagen zerstört.

Mehrere Erfolgsfaktoren. Die bisher vorgestellten Strategiefonds haben eines gemeinsam: Sie beziehen sich jeweils auf ein einziges Thema wie das Wachstum oder die Bilanzqualität. Es werden aber auch Indizes angeboten, die gleichzeitig auf mehreren Faktoren beruhen. Ein Beispiel ist der MSCI World Diversified Multiple Factor Index. Er enthält Unternehmen, die sich durch eine gute Bilanzqualität, eine kleine Firmengröße, anhaltend steigende

Aktienkurse und eine verhältnismäßig geringe Bewertung auszeichnen. Doch auch diesem Index gelingt es nicht, den MSCI World zu schlagen. Von 2013 bis 2023 lieferte er Bruttorenditen von 8,2 Prozent, also exakt einem Prozentpunkt weniger als der Weltindex.

Es ist offensichtlich nicht ganz leicht, den MSCI World zu übertreffen. Von den acht vorgestellten Aktienstrategien erzielen fünf im langjährigen Vergleich eine schlechtere Wertentwicklung als der Weltindex. Das Momentum-Konzept schneidet zwar über zehn Jahre leicht besser ab. Zuletzt sind die Renditen aber massiv gesunken; dies ist ein Warnsignal. Der MSCI World Growth erzielt eine durchaus erfreuliche Wertentwicklung. Doch die deutschen Anleger können hiervon nicht profitieren, da in der EU offenbar kein ETF auf diesen Index erhältlich ist. Klarer Sieger des Vergleichs ist der MSCI World Quality, der Unternehmen mit soliden Finanzen abbildet. Doch auch hier ist ein Investment nicht möglich, da in Deutschland kein entsprechender Indexfonds zugelassen ist.

3.4 Wissensindustrie schlägt Weltindex

Der Frust sitzt offenbar tief. Enttäuscht wenden sich viele Anleger vom MSCI World ab, der ihnen zu geringe Renditen beschert. Stattdessen stecken sie ihr Geld in Indexfonds, die nicht die gesamte Weltwirtschaft abbilden, sondern lediglich einzelne Branchen, von denen sie sich bessere Erträge erhoffen. Besonders beliebt war in den vergangenen Jahren ausgerechnet die Öl- und Gasindustrie, die in der Fachwelt eher zu den sterbenden Branchen gezählt wird. Europäische Anleger investierten mehr als drei Milliarden

Euro in Indexfonds, die den MSCI World Energy nachzeichnen. Sie ließen sich offenbar von Rechenbeispielen verführen, die im Internet zirkulieren: Eine Anlegerin, die Ende 2020 einen ETF auf den MSCI World Energy gekauft hatte, konnte sich in den folgenden drei Jahren über traumhafte Renditen von durchschnittlich 28 Prozent pro Jahr freuen. Aus einem Investment von 100.000 Euro waren Ende 2023 exakt 209.000 Euro geworden. Von solch märchenhaften Gewinnen sollte sich jedoch niemand den Verstand rauben lassen. Die Zahlen sind zwar korrekt, aber leider nicht repräsentativ für den langfristigen Trend: In den vergangenen beiden Jahrzehnten erzielte die krisengeschüttelte Ölindustrie beträchtlich geringere Renditen als der MSCI World. Regelmäßig erleiden Ölaktien an den Börsen hohe Verluste, so etwa 2020, als infolge der weltweiten Lockdowns die Nachfrage nach Benzin, Diesel und Kerosin massiv einbrach.

Sonderentwicklungen verzerren oft langfristige Trends

Der MSCI World Energy Index besteht vorzugsweise aus Ölgesellschaften wie Shell, BP und ExxonMobil, die in den vergangenen Jahren von zwei außergewöhnlichen Entwicklungen profitierten. Zum einen wurden 2021 in vielen Ländern die Lockdowns gelockert, die im Jahr zuvor verhängt worden waren, um die Ausbreitung von Covid-19 zu stoppen. Der Flugverkehr wurde wieder aufgenommen, Millionen von Angestellten kehrten aus dem Homeoffice ins Büro zurück, der Straßenverkehr nahm kräftig zu. Dies alles trieb die Nachfrage nach Kraftstoffen an und beflügelte die Börsenkurse der Ölmultis. Überdies verhängten die westlichen Nationen 2022 scharfe Sanktionen gegen Russland, nachdem Putin den Angriffskrieg gegen die Ukraine entfesselt hatte. Betroffen waren vor allem die russischen Öl- und Gasexporte. Sobald die Lieferungen nach Westeuropa versiegten, schossen die Öl- und Gaspreise auf den Weltmärkten abermals in die Höhe. Zugleich setzten die Aktienkurse der Ölkonzerne zu einem neuen Höhenflug an.

Doch den westlichen Industrieländern gelang es verhältnismäßig rasch, die angespannte Situation unter Kontrolle zu bekommen. Bis zum Dezember 2023 sanken die Ölpreise gegenüber dem Höchststand vom Sommer 2022 um mehr als 40 Prozent. Auch die Hausse der Energie-Aktien fand schnell ein Ende. 2023 erzielte der MSCI Energy nurmehr eine Rendite von 2,5 Prozent. Er näherte sich damit wieder seinem langjährigen Trend an: Von Ende 2013 bis Ende 2023 kam der Index im Schnitt nur auf Nettorenditen von zwei Prozent pro Jahr. Der Grund für die miserablen Ergebnisse besteht darin, dass die Nachfrage nach Erdgas und Mineralöl nur noch sehr verhalten zunimmt. Im Zuge der Energiewende wird der Verbrauch von fossilen Energieträgern aller Voraussicht nach anhaltend sinken. Elektroautos tanken nun einmal Strom und nicht Benzin oder Diesel.

Dieses markante Beispiel sollte sich jeder Anleger vor Augen führen, der erwägt, in einen ETF auf eine einzelne Branche zu investieren. Er läuft Gefahr, in eine Falle zu tappen, wenn er sich den ausgewählten Sektor nicht sorgfältig genug anschaut. Freilich ist die Versuchung groß:

Wer in einzelne Branchen investieren möchte, kann aus einer Fülle verschiedener Angebote wählen. In der Bundesrepublik werden rund 400 Indexfonds angeboten, die bestimmte Wirtschaftszweige abbilden. Manche beziehen sich auf enge Branchen wie Autohersteller, Medien oder Reiseveranstalter, andere umfassen breite Sektoren wie Konsumgüter, Gesundheitsvorsorge und Informationstechnologien. Eines aber haben alle Angebote gemeinsam: Die Fondsgesellschaften, die diese Produkte aufgelegt haben, versprechen den Anlegern offen oder stillschweigend höhere Renditen, als sie der Dax, der Euro Stoxx 50 oder der MSCI World abwerfen.

Doch welche Branchen werden in Zukunft tatsächlich zu den Gewinnern gehören, welche zu den Verlierern? Hinweise gibt die finanzielle Performance der Indizes in der Vergangenheit. Die einschlägigen Websites offerieren zwar für die erwähnten 400 Branchen-ETFs jeweils Angaben zu den historischen Renditen, doch die Daten reichen oft nur drei Jahre zurück. In solch kurzen Zeiträumen können aber temporäre Entwicklungen auftreten, die die langfristigen Trends verzerren oder sogar in ihr Gegenteil verkehren, wie der MSCI World Energy eindrucksvoll belegt. Wer wissen möchte, wie die Entwicklungen in Zukunft ausschauen könnten, muss etwas tiefer in die Vergangenheit blicken. Nach allgemeiner Ansicht bildet ein Zeitraum von zehn oder zwanzig Jahren ein erheblich robusteres Fundament, um halbwegs zuverlässige Vorhersagen zu machen, als lediglich von drei Jahren.

Tabelle 3.2 Die Informationstechnologien bringen die besten Erträge

Langfristige Renditen der elf Sektorindizes des MSCI World

Sektor	Index	Jährliche Nettorenditen von 2013 bis 2023
Informationstechnologien	MSCI World Information Technology	18,2 Prozent
Zyklische Konsumgüter	MSCI World Consumer Discretionary	9,3 Prozent
Gesundheitswesen	MSCI World Health Care	9,0 Prozent
Basisindex	MSCI World	8,6 Prozent
Industriegüter	MSCI World Industrials	7,8 Prozent
Finanzdienstleistungen	MSCI World Financials	6,4 Prozent
Grundstoffe	MSCI World Materials	6,4 Prozent
Versorgungsunternehmen	MSCI World Utilities	6,0 Prozent
Nicht zyklische Konsumgüter	MSCI World Consumer Staples	5,8 Prozent
Kommunikationsdienstleistungen	MSCI World Communication Services	5,2 Prozent
Immobilienwirtschaft	MSCI World Real Estate	3,1 Prozent*
Öl- und Gasindustrie	MSCI World Energy	2,0 Prozent

*Bruttorenditen von Oktober 2013 bis Oktober 2023
Quelle: Zusammengestellt nach Angaben von MSCI   Stand: 31. Dezember 2023

Ein klarer Gewinner, acht Verlierer

Einen solchen Vergleich stellt Tabelle 3.2 an. Sie enthält Indizes auf die elf Sektoren, aus denen sich der MSCI World zusammensetzt. Der Sektorindex MSCI World Utilities besteht zum Beispiel aus den im Weltindex enthaltenen rund 80 Versorgungsunternehmen, die private und gewerbliche Kunden mit Strom, Gas und Wasser beliefern. Für jeden Index sind die Nettorenditen angeführt, die von Ende 2013 bis Ende 2023 im statistischen Mittel pro Jahr erreicht wurden. Bei regionalen Indizes werden im Allgemeinen Bruttorenditen angegeben. Bei Branchenindizes nennt MSCI hingegen vorzugsweise Nettorenditen, bei denen die von den Investoren abzuführenden Kapitalertragsteuern bereits in Form von Pauschalsätzen abgezogen sind. Der Wechsel zwischen Brutto- und Nettorenditen ist für die Leser vielleicht etwas verwirrend, aber leider angesichts der Datenlage nicht zu vermeiden.

Ein Blick auf die Tabelle zeigt: Acht Sektoren erzielen langfristig deutlich schlechtere Erträge als der MSCI World. Hierzu gehören die vier großen Branchen Industriegüter und -dienstleistungen, Finanzdienstleistungen (Banken, Börsenbetreiber, Versicherungen), Grundstoffe (Chemikalien, Metalle, Baustoffe) und Versorgungsunternehmen. Die jährlichen Nettorenditen betragen hier zwischen 6 und 7,8 Prozent. Noch schlechter ist die Performance der Sektoren Nicht zyklische Konsumgüter (Artikel des täglichen Bedarfs), Kommunikationsdienstleistungen (Telekommunikation, Internet, Medien), Immobilienwirtschaft und Energie. Hier bewegen sich die Renditen nach Steuern zwischen 2 und 5,8 Prozent.

Lediglich drei Sektoren erreichten bessere Ergebnisse als der MSCI World. Bei den Informationstechnologien sind die Nettorenditen mit jährlich rund 18,2 Prozent mehr als doppelt so hoch wie beim Basisindex, der auf 8,6 Prozent kommt. Der Sektor Zyklische Konsumgüter erzielte nach

Steuern Erträge von 9,3 Prozent pro Jahr; die Gesundheitswirtschaft lieferte im Schnitt Nettorenditen von 9,0 Prozent pro Jahr. Allerdings ist bei diesen beiden Sektoren der Abstand zum MSCI World mit 0,4 beziehungsweise 0,7 Prozentpunkten nicht gerade überwältigend groß. Solche geringen Unterschiede sollten nicht überbewertet werden.

Unser kleiner Vergleich hat also einen klaren Sieger. Die IT-Industrie ist der einzige Sektor, der beträchtlich höhere Renditen erzielt als der MSCI World. Dies ist nicht nur bei der Zehnjahresperiode der Fall, auf den sich die Tabelle bezieht; auch in der längeren Zeitspanne von 2000 bis 2023 waren die Erträge höher. Die Anleger dürfen also darauf vertrauen, dass es sich um einen langfristigen Trend handelt; die Wertentwicklung dürfte auch in der absehbaren Zukunft besser ausfallen als beim MSCI World. Allerdings unterliegen die Informationstechnologien im Zeitverlauf deutlich größeren Schwankungen als der Weltindex. Dies belegen die Entwicklungen der jüngsten Vergangenheit: Während der MSCI World 2022 einen Wertverlust von 18 Prozent erlitt, musste der MSCI World Information Technology ein Minus von 31 Prozent hinnehmen. Umso stärker fiel das Plus im folgenden Jahr aus: Der IT-Index erzielte 2023 eine Rendite von 53 Prozent. Dagegen verblassten die eigentlich sehr ansehnlichen 24 Prozent, die der MSCI World verbuchen konnte. Wer in einen Indexfonds auf eine einzelne Branche investieren möchte, trifft gewiss nicht die schlechteste Entscheidung, wenn er einen ETF auf den MSCI World Information Technology kauft.

Der MSCI World Consumer Discretionary erreichte seit dem Jahr 2000 zwar ebenfalls meist höhere Renditen als der Weltindex. Die Kursschwankungen sind aber ebenfalls erheblich ausgeprägter als beim MSCI World. Dies spricht gegen ein Investment. Empfehlenswert ist hingegen der MSCI World Health Care, da dessen finanzielle Performance in der Vergangenheit stets sehr stabil war. Im Krisenjahr 2022 belief sich der Wertverlust lediglich auf knapp fünf Prozent, war also erheblich geringer als beim MSCI World. Die Gesundheitswirtschaft vereinigt mithin zwei Vorzüge, die sonst selten gemeinsam zu finden sind: Zum einen ist der Sektor langfristig gesehen recht profitabel. In den vergangenen drei Jahrzehnten waren die Nettorenditen im Schnitt um etwa 2,5 Prozentpunkte höher als beim MSCI World. Zum anderen bietet der Index einen ausgezeichneten Schutz vor Konjunkturschwankungen. Dies sind zwei gute Gründe, im Umkreis des MSCI World Health Care zu investieren. Dieser Sektor bildet neben den Informationstechnologien einen der beiden Kerne der kommenden Wissensgesellschaft, mit der sich Teil IV befasst.

Teil IV: Von der Wissensökonomie profitieren

4.1 Einleitung und Überblick

Wissen ist die wichtigste Ressource des 21. Jahrhunderts. Ob ein Unternehmen auf dem Markt erfolgreich ist, hängt heute weitgehend nicht mehr davon ab, ob es ergiebige Bodenschätze oder erstklassige Fabriken besitzt. Ausschlaggebend sind vielmehr geistige Aktivitäten wie zum Beispiel Forschung und Entwicklung. Paradigmatisch zeigt dies Apple, einer der größten Konzerne der USA. Das Unternehmen verkauft zwar physische Produkte wie das iPhone, das iPad und das iPod, doch der IT-Konzern stellt diese Erzeugnisse nicht selbst her, sondern lässt sie von Lieferanten in China und Vietnam fertigen. Deren Arbeiter und Techniker machen das nicht nur billiger als ihre Kollegen in den USA. Sie liefern überdies auch bessere Qualität. Apple konzentriert sich hingegen auf die Entwicklung neuer Produkte und deren Vermarktung; dies – und nicht die Produktion – sind die Kernkompetenzen des Unternehmens. Ganz ähnlich hat Nvidia, der weltweit wichtigste Anbieter von Chips für die künstliche Intelligenz, keine einzige Fabrik. Das kalifornische Unternehmen entwirft lediglich das Design der Schaltkreise; produziert werden die Halbleiter ebenfalls im Fernen Osten. Von den zehn wertvollsten Firmen des MSCI World gehören sieben zu den forschungsstärksten Unternehmen der Welt. Sie bescheren ihren Aktionären höhere Renditen als die meisten traditionellen Industriekonzerne, Ölmultis und Minengesellschaften dieser Erde. Neben den Informationstechnologien bildet die Gesundheitswirtschaft eine zweite große Säule der Wissensökonomie, deren Zeitalter jetzt anbricht. In diesem Teil werden die verschiedenen Möglichkeiten erläutert, an der kommenden Wissensgesellschaft teilzuhaben.

Wie bereits in Teil III gezeigt, ist die IT-Industrie der mit klarem Abstand profitabelste Sektor des MSCI World. Seit dem Jahr 2000 haben die Informations- und Kommunikationstechnologien im Schnitt stets höhere Erträge geliefert als der Weltindex. In den vergangenen zehn Jahren waren die Renditen sogar mehr als doppelt so hoch. Das Wachstum dieses Sektors dürfte einstweilen anhalten, denn die meisten Probleme dieser Welt lassen sich nur mithilfe von „smart technologies" lösen – seien es eine sichere Energieversorgung aus erneuerbaren Quellen, eine effizientere Produktion zum Schutz von Klima und Umwelt oder neue Methoden in der Landwirtschaft, mit denen die Ernährung der wachsenden Erdbevölkerung sichergestellt werden kann. Allerdings müssen die Anleger damit rechnen, dass die exzellente Performance des IT-Sektors immer wieder durch schwere Rückschläge unterbrochen wird. Die Volatilität ist höher als beim MSCI World (Abschnitt 4.2).

Ein wichtiges Teilgebiet der Informationstechnologien ist die künstliche Intelligenz, die seit der Vorstellung des KI-Assistenten ChatGPT Schlagzeilen macht. Diese generative KI wird nicht nur von Hunderten Millionen Privatleuten genutzt, sie hat auch in den Unternehmen das Interesse an der Artificial Intelligence (AI) wiederbelebt. Die Unternehmen zögern aber noch mit kommerziellen

Anwendungen der KI, da sie den Missbrauch vertraulicher Geschäftsdaten befürchten. Der Durchbruch wird hierzulande wohl erst kommen, wenn die EU mit dem geplanten AI Act, einem umfassenden Regelwerk für die künstliche Intelligenz, Rechtssicherheit geschaffen hat.

Doch es werden in Deutschland bereits seit einigen Jahren mehrere Indexfonds auf künstliche Intelligenz angeboten. Allerdings haben diese ETFs bislang sehr unterschiedliche Erträge abgeworfen. Im besten Fall waren die Renditen sogar noch höher als beim MSCI World Information Technology; im schlechtesten lagen sie weit darunter. Die Anleger müssen also genau hinschauen. Sie sollten überdies aufgrund des spekulativen Charakters der KI nur einen kleinen Teil ihrer Mittel in diese Schlüsseltechnologie der Zukunft investieren (Abschnitt 4.3).

Ein weiteres Teilgebiet, das exorbitant hohe Erträge liefert, ist die Chipindustrie. Es wird immer schwieriger, neue Halbleiter zu entwickeln, da die Strukturen bereits unendlich fein sind. Für die Entwicklung eines neuen Mikroprozessors werden heute 18-mal so viele Chemikerinnen, Ingenieure, IT-Expertinnen und andere Fachleute benötigt wie 1970. Über die personellen Ressourcen verfügen aber nur verhältnismäßig wenige Chipunternehmen. Die Mikroelektronik zeigt besonders deutlich einen Wesenszug der Wissensökonomie: Nützliche Kenntnisse sind oft knapp. Wer sich die benötigte Sachkenntnis und Erfahrung sichern kann, ist in der Lage, beträchtliche Mehrrenditen zu erzielen. Die Chipindustrie erreichte in den vergangenen Jahren erheblich höhere Erträge als der MSCI World Information Technology. Allerdings müssen Investoren einen langen Atem haben: Die Mikroelektronik wird mitunter von lang anhaltenden schweren Rückschlagen getroffen (Abschnitt 4.4).

Im Unterschied zur Mikroelektronik, der künstlichen Intelligenz und auch der IT-Industrie insgesamt, die alle eine hohe Volatilität aufweisen, verläuft die Wertentwicklung im Gesundheitswesen in recht ruhigen Bahnen. Zwar verzeichnet auch dieser Sektor gelegentliche Rücksetzer, doch sind die Wertverluste erheblich geringer als in der IT-Industrie oder dem MSCI World. In den vergangenen Jahrzehnten hat der MSCI World Health Care im Durchschnitt bessere Erträge geliefert als der Weltindex. Die Kernbranche dieses Sektors bilden die Arzneimittelhersteller, von denen einige zu den forschungsstärksten Unternehmen der Welt gehören. Im Gegensatz zur IT-Industrie, die vor allem für risikofreudige Investoren infrage kommt, ist der Sektor Health Care auch für konservative Anleger geeignet, die dem Schutz ihres Vermögens eine hohe Bedeutung beimessen (Abschnitt 4.5).

4.2 Auf hohe Renditen programmiert

Vier Milliarden Menschen gehen regelmäßig ins Internet. Smartphones sind aus dem Alltag nicht mehr fortzudenken. Zahllose Geräte, die wir Tag für Tag benutzen, funktionieren nur dank ausgefeilter Elektronik – ob Fernseher oder Geschirrspüler, Autos oder Straßenbahnen, Fahrstühle oder Heizungen. Keine andere Technologie hat unser Leben so einschneidend verändert wie die Informations- und Kommunikationstechnologien. Sie werden in Zukunft mehr denn je benötigt, denn viele grundlegende

Probleme, vor denen die Menschheit heute steht, lassen sich nur lösen, indem mehr Mikroelektronik, Software und Kommunikationstechnik eingesetzt werden.
- Maschinen und Anlagen verbrauchen heute oft noch viel zu viel Energie, Wasser und Rohstoffe. Der Bedarf an natürlichen Ressourcen lässt sich mit besserer Steuerungselektronik reduzieren.
- Wenn Strom mithilfe von Windkraft oder Solarenergie erzeugt wird, sind in unseren Breiten starke Schwankungen leider unvermeidlich. Dieses Problem lässt sich nur mithilfe von intelligentem Energiemanagement lösen.
- Hunderte Millionen Menschen leiden auf dieser Welt Tag für Tag Hunger. Die Ernährung der wachsenden Erdbevölkerung lässt sich mit Precision Farming verbessern, also dem Einsatz von Computertechnik in der Landwirtschaft, die helfen kann, die Ernteerträge zu steigern.
- Allein in Deutschland kommen jedes Jahr Tausende von Menschen bei Verkehrsunfällen ums Leben. Mit digitalen Fahrassistenten werden Autos sicherer.
- Mithilfe von Robotern können Ärztinnen komplizierte Operationen präziser ausführen. Auch dies kann dazu beitragen, Menschenleben zu retten.

Und natürlich werden die Informationstechnologien auch künftig im Alltag das Leben erleichtern. Die Unternehmen versprechen sich von der Digitalisierung passgenau auf die Konsumenten zugeschnittene Produkte und Dienstleistungen. Weltweite Kommunikationsnetze sollen in der Industrie künftig Lieferanten und Kunden besser miteinander verbinden. In den vergangenen Jahrzehnten waren die Informationstechnologien die wichtigste Quelle von Produktivitätsverbesserungen, ohne die es kein Wachstum gibt. Die Digitalisierung wird voraussichtlich auch in Zukunft für mehr Wohlstand sorgen.

Natürlich weiß niemand, ob das alles wirklich so kommen wird. Keine der skizzierten Entwicklungen ist sicher vorherzusagen. Doch die Finanzmärkte bauen anscheinend auf die Digitalisierung. Seit mehreren Jahrzehnten steigen die Aktienkurse der IT-Unternehmen erheblich stärker als die Börsen insgesamt. Dies zeigt ein Vergleich zwischen dem MSCI World und dem MSCI World Information Technology Index (MSCI World IT). Der MSCI World erzielte von Ende 2000 bis Ende 2023 Nettorenditen von durchschnittlich 6,2 Prozent pro Jahr. In dieser relativ langen Zeitspanne, die fast ein Vierteljahrhundert umfasst, kam der MSCI World IT jedoch auf Nettorenditen von 8,3 Prozent. Noch ausgeprägter sind die Unterschiede in den zehn Jahren von 2013 bis 2023: In dieser Zeit lieferte der MSCI World Erträge von 8,6 Prozent im Jahr, der MSCI World IT hingegen 18,2 Prozent.

Ein Gigant mit einem Volumen von 14 Billionen Dollar
Häufig wird die IT-Industrie als Branche bezeichnet. Tatsächlich ist sie weit mehr als das: Bei den Informations- und Kommunikationstechnologien handelt es sich vielmehr um einen breit aufgestellten Sektor, der aus einem ganzen Bündel verschiedener Teilbranchen besteht. Wie vielfältig dieser Sektor ist, zeigt ein Blick in das Inventar des MSCI World IT. Der Index besteht zu 23 Prozent aus der Subbranche Systemsoftware. Ein ebenso großer An-

teil entfällt auf Hardware, wozu unter anderem Computer, Speichermedien und Drucker gehören. Die Chipindustrie geht mit 22 Prozent in die Berechnung des Index ein. Das restliche Drittel umfasst unter anderem Anwendungssoftware, Beratungsdienstleistungen, Kommunikationstechnik sowie die Maschinen und Anlagen, die beispielsweise zur Produktion von Halbleitern, Laptops oder Notebooks benötigt werden.

Im Januar 2024 bestand der MSCI World Information Technology aus 156 Unternehmen. Diese hatten einen Börsenwert von insgesamt knapp 14 Billionen Dollar; das entsprach rund einem Viertel der Marktkapitalisierung des MSCI World. Diese Fakten unterstreichen, dass die Informationstechnologien den weitaus wichtigsten Sektor der globalen Wirtschaft bilden.

Freilich umfasst der MSCI World IT, ebenso wie der Mutterindex, lediglich 23 Industrieländer. Südkorea und Taiwan, zwei der bedeutendsten IT-Nationen der Welt, sind nicht enthalten; auch China und Indien fehlen. Das ist allerdings kein allzu großer Schaden, denn die einzelnen Subbranchen der IT-Industrie, für die diese Länder stehen, sind auch im MSCI World IT vertreten. Würden die asiatischen IT-Nationen einbezogen, wäre der Diversifizierungsvorteil recht gering. Im Gegenteil bedeuten die geopolitischen Spannungen in Ostasien, die durch das aggressive Auftreten von China und Nordkorea verursacht werden, ein zusätzliches Risiko.

Ein Beitritt von China, Indien und Südkorea würde ein Grundproblem des MSCI World IT nur unwesentlich entschärfen: Hier ist die Dominanz der USA noch größer als im MSCI World. Anfang 2024 hatten amerikanische Unternehmen einen Anteil von 89 Prozent an dem Index. Auf Japan entfielen vier Prozent. Europäische IT-Firmen wie das niederländische Technologieunternehmen ASML oder das deutsche Softwarehaus SAP gingen zusammen lediglich mit einem Gewicht von sechs Prozent in die Indexberechnung ein. Überdies ist der MSCI World IT sehr kopflastig: Auf die drei größten Positionen Apple, Microsoft und Nvidia entfiel Anfang 2024 ein Anteil von insgesamt fast 50 Prozent der gesamten Marktkapitalisierung. Sollte einer dieser drei IT-Konzerne unversehens die Gunst der Börse verlieren, wäre ein Beben im MSCI World Information Technology Index die Folge.

Tabelle 4.1 Höhenflug mit Rückschlägen

Wertentwicklung des MSCI World Information Technology im Vergleich

Jahr	MSCI World Information Technology	MSCI World
2023	53,3 Prozent	23,8 Prozent
2022	−30,8 Prozent	−18,1 Prozent
2021	29,9 Prozent	21,8 Prozent
2020	43,8 Prozent	15,9 Prozent
2019	47,6 Prozent	27,7 Prozent
2018	−2,6 Prozent	−8,7 Prozent
2017	38,2 Prozent	22,4 Prozent
2016	11,5 Prozent	7,5 Prozent
2015	4,8 Prozent	−0,9 Prozent
2014	16,1 Prozent	4,9 Prozent

Quelle: MSCI

Wie groß die Risiken sein können, zeigt die Tabelle 4.1, in der die Wertentwicklung des MSCI World IT und des Mutterindex in der Zeit von 2014 bis 2023 gegenübergestellt werden. In diesen zehn Jahren waren die Ausschläge bei den Informationstechnologien nahezu immer erheblich stärker als beim Weltindex. Ging es an der Börse aufwärts, war das Plus beim MSCI World IT mitunter doppelt so groß wie beim MSCI World. Umgekehrt ging es in einem schlechten Jahr meist steiler bergab. Besonders groß waren die Differenzen in jüngster Zeit. 2022 erlitt der MSCI World einen Rückschlag von 18 Prozent. Beim IT-Index belief sich der Wertverlust hingegen auf 31 Prozent. Im Jahr darauf legte der Weltindex um 24 Prozent zu; das Börsenbarometer der IT-Industrie kletterte hingegen um 53 Prozent in die Höhe.

Sind die Bewertungen nicht längst viel zu hoch?

Angesichts dieses enormen Anstiegs, des stärksten seit vielen Jahren, stellt sich unvermeidlich die Frage, ob die IT-Unternehmen nicht längst viel zu hoch bewertet werden. Das gängige Kriterium, um diese Frage zu beantworten, ist das Kurs-Gewinn-Verhältnis (KGV). Es wird berechnet, indem der Aktienkurs eines Unternehmens ins Verhältnis zum anteilig auf die einzelne Aktie entfallenden Reingewinn gesetzt wird. Es gibt allerdings keine festen Richtwerte, wie hoch das KGV sein darf, damit ein Investment noch guten Gewissens empfohlen werden kann. Bei wachstumsstarken Unternehmen aus der IT-Industrie sehen viele Finanzexperten die Obergrenze bei 40, andere setzen die Schwelle sogar noch höher an. Die Unternehmen des MSCI World Information Technology hatten Ende 2023 ein aktuelles KGV von durchschnittlich rund 37. Der Wert liegt also noch nicht in der Gefahrenzone. Einzelne Unternehmen wie Nvidia, wo das KGV im Februar 2024 bei mehr als 50 lag, sind allerdings eindeutig zu hoch bewertet.

Wie die Entwicklungen der vergangenen Jahrzehnte zeigen, bieten die Informationstechnologien durchaus die Chance auf überdurchschnittlich hohe Renditen. Sie bergen jedoch auch ebenso große Risiken. Nach der Jahrtausendwende platzte die Blase der New Economy; der Kursverfall der IT-Werte hielt rund zwei Jahre an. In dieser Zeit verloren die Anleger bis zu 80 Prozent des eingesetzten Kapitals. Einen ähnlich schweren Rückschlag löste die globale Finanzkrise aus, die 2007 in den USA einsetzte und im Jahr darauf Europa erreichte. Wer in die IT-Industrie investieren möchte, sollte in der Lage sein, solche lang anhaltenden Schwächephasen problemlos durchzustehen.

Tabelle 4.2 Empfehlungen für risikofreudige Anleger
Indexfonds auf den MSCI World Information Technology

Anbieter	ISIN	Verwendung der Gewinne	Gebühren pro Jahr
Amundi	LU0533033667	Thesaurierend	0,30 Prozent
BlackRock*	IE00BJ5JNY98	Ausschüttend	0,25 Prozent
DWS	IE00BM67HT60	Thesaurierend	0,25 Prozent
State Street I	E00BYTRRD19	Thesaurierend	0,30 Prozent

*Referenzindex ist eine Variante des MSCI World Information Technology
Quelle: Zusammengestellt nach Angaben der Fondsanbieter
Stand: 31. Dezember 2023

In Deutschland werden mehrere Indexfonds auf den MSCI World Information Technology angeboten, die ein Gesamtvolumen von umgerechnet mehr als vier Milliarden Euro haben. Drei der vier ETFs, die in Tabelle 4.2 aufgeführt werden, bilden die Hauptvariante dieses Index ab. Das Produkt von BlackRock bezieht sich auf die Variante MSCI World Information Technology ESG Reduced Carbon Select 20/35 Capped. Hier wird versucht, die Emissionen von Kohlendioxid zu senken, indem Zusammensetzung und Gewichtung des Index gegenüber der Hauptvariante geändert werden. Aufgrund seiner schlechten Nachhaltigkeitsbewertung wird der Spitzenreiter Apple auf den dritten Rang verbannt; der Anteil des IT-Konzerns sinkt von rund 23 auf gut 9 Prozent. Statt Apple ist Microsoft nun die Nummer eins des ETF.

Während diese vier Indexfonds breit gefächert in die Informationstechnologien investieren, bilden andere ETFs einzelne Teilbranchen und Themen des IT-Sektors ab. Hierzu gehören zum Beispiel Automationstechnik, Cloud Computing und Cyber Security. Die Indizes, auf die sich diese Produkte beziehen, sind jedoch meist viel zu schmal aufgestellt, um die Mindestanforderungen an Diversifizierung zu erfüllen. Überdies liegen die Renditen fast immer unter den Erträgen des MSCI World Information Technology und sogar des MSCI World. Nur zwei Ausnahmen heben sich positiv ab. Dies sind einige Indexfonds auf künstliche Intelligenz sowie Mikroelektronik, die im Folgenden vorgestellt werden.

4.3 Der Geist aus der Maschine

Selten hat eine neue Technologie unsere Gesellschaft so gespalten wie die künstliche Intelligenz. Sie ist umstritten wie sonst nur die Atomkraft und die Gentechnologie. Kritiker befürchten die Vernichtung zahlreicher Arbeitsplätze, die Zerstörung der Kultur und die massive Manipulation von Informationen, Nachrichten und Menschen. Die Befürworter preisen hingegen die neuen Möglichkeiten, Daten jeder Art und in beliebiger Fülle zu sammeln und zu nutzen. Dies ermögliche zum Beispiel in den Unternehmen zuverlässigere Prognosen von Umsätzen und Gewinnen, bessere Entscheidungen im Management und eine höhere Effizienz in der ganzen Firma.

Besonders gefragt sind kommerzielle KI-Lösungen im Finanzwesen der Unternehmen, wo tagtäglich immense Mengen an Daten anfallen, die aufbereitet und ausgewertet werden müssen. Hier wenden die Firmen zwar seit Längerem Methoden und Produkte der Artificial Intelligence an. Doch die sogenannte generative KI, für die beispielsweise ChatGPT steht, bringt zwei wesentliche Fortschritte. Zum einen ermöglichen diese Systeme eine einfache, leicht fassliche Darstellung komplexer Sachverhalte. Der schwer verdauliche Zahlensalat, den Buchhalter und Controller erzeugen, kann sogar in dreidimensionale Modelle umgesetzt werden, die zum Beispiel aus Kügelchen in unterschiedlichen Farben bestehen. Diese mehrdimensionalen Darstellungen lassen sich am Computer drehen und wenden, sodass Führungskräfte mit einigen wenigen Klicks des Pudels Kern erkennen können.

Bei Prognosen ist die Maschine bereits so gut wie der Mensch

Zweitens erlauben es Chatbots, auf höchst bequeme Art und Weise die riesigen Datenmengen anzuzapfen, die durchs Internet schweben. Dies erleichtert Prognose und Planung, zwei Kernaufgaben des strategischen Managements. Ungeachtet aller noch bestehenden Mängel liefert die Maschine bereits mindestens ebenso gute Vorhersagen wie der Mensch. „Beim üblichen Zeithorizont von 24 bis 36 Monaten sind die Prognosen von KI-Systemen durchaus zuverlässig", sagt Stephan A. Paxmann, Leiter der Abteilung Digitalisierung & Innovation bei der Landesbank Baden-Württemberg (LBBW). Auch bei einer Frist von fünf Jahren sind die KI-gestützten Prognosen noch brauchbar. Bei Vorhersagen bis zu zehn Jahren aber ist die künstliche Intelligenz genauso unzuverlässig wie Experten aus Fleisch und Blut. Dazu sind die externen Bedingungen, unter denen ein Unternehmen arbeitet, viel zu unbeständig. Niemand kann überraschende Ereignisse wie den Ausbruch der Pandemie oder den Überfall Russlands auf die Ukraine vorhersehen.

Manche Theoretiker spekulieren, dass die KI nicht nur Prognosen anstellt, sondern aus den Ergebnissen auch Handlungsoptionen herleitet – und vielleicht sogar umsetzt. Praktiker halten hiervon nicht viel. Eine neue Marketingstrategie auszuarbeiten, ist kein rein mechanischer, nur von Daten getriebener Prozess. Hierfür sind viel Erfahrung und Intuition erforderlich, worüber derzeit nur der Mensch verfügt. „Die Entscheidung bleibt dem Menschen vorbehalten", betont Digitalisierungsexperte Paxmann im Gespräch mit dem Autor.

Ein großes Hemmnis bei der Anwendung von künstlicher Intelligenz ist der bislang noch sehr mangelhafte Datenschutz. KI-Technologien ermöglichen völlig neue Methoden, Informationen zu manipulieren. Eine strenge Regulierung ist daher unerlässlich. Die EU-Kommission in Brüssel hat hierfür mit dem AI Act die rechtliche Grundlage geschaffen. Voraussichtlich tritt das neue Regelwerk in Deutschland 2026 oder 2027 in Kraft. Solange die rechtlichen Unsicherheiten fortbestehen, zögern die Unternehmen mit dem Einsatz der künstlichen Intelligenz, da auch. Überdies sind die Investitionen recht hoch. Außerdem besteht bei einer völlig neuen Technologie die Gefahr, schwerwiegende Fehler zu begehen. Schließlich bremsen viele Mitarbeiter in den betroffenen Abteilungen, weil sie befürchten, dass der Computer ihre Arbeitsplätze vernichten wird. Aus all diesen Gründen werden die Unternehmen zunächst einmal einzelne Pilotprojekte einführen. Der Durchbruch dürfte in etwa fünf bis zehn Jahren kommen, wenn zum einen ein rechtlicher Rahmen besteht und die Anwender zum anderen über ausreichende Erfahrungen mit dieser Technologie verfügen.

Drei Indexfonds mit extrem unterschiedlichen Renditen
In den vergangenen Jahren wurden in der EU drei Indexfonds auf die künstliche Intelligenz aufgelegt. Der größte ist der Xtrackers Artificial Intelligence & Big Data ETF der Frankfurter DWS Group; er hatte Ende 2023 ein Volumen von 1,7 Milliarden Dollar. Der Indexfonds mit der ISIN IE00BGV5VN51 ist thesaurierend; die jährlichen Kosten betragen 0,35 Prozent. Er zeichnet den Index Nasdaq Arti-

ficial Intelligence and Big Data Total Net Return nach; dieser kann bis zu 100 Unternehmen umfassen. Der Referenzindex bildet nicht nur die künstliche Intelligenz ab, sondern auch das eng benachbarte Sachgebiet Big Data, also die computergestützte Sammlung und Aufbereitung großer Datenmengen. Ein drittes Thema ist die Datensicherheit (Cyber Security). Diese verhältnismäßig weite Definition erlaubt es, den Kreis der aufgenommenen Unternehmen breit zu fassen. Unter den zehn führenden Positionen des Nasdaq-Index finden sich nahezu alle großen Namen der amerikanischen IT-Industrie – so etwa Alphabet, Amazon, Meta, Microsoft und Nvidia. Diese fünf Unternehmen zählen weltweit in der Tat zu den wichtigsten Akteuren auf dem Feld der künstlichen Intelligenz.

Nvidia entwickelt superschnelle Mikroprozessoren, die in Hochleistungscomputern eingesetzt werden, auf denen KI-Lösungen entwickelt und erprobt werden. Amazon, Microsoft, Meta Platforms (aka Facebook) und die Google-Mutter Alphabet zählen bei der Entwicklung von KI-Lösungen zu den weltweit führenden Unternehmen. Sie verfügen über eine entscheidende Voraussetzung, um die künstliche Intelligenz voranzutreiben, die heute meist als selbstorganisiertes maschinelles Lernen verstanden wird: Damit die Computer Muster und Regelmäßigkeiten erkennen können, benötigen sie riesige Mengen an Daten. Genau diese Informationen generieren Amazon, Google und Facebook in ihren Kerngeschäften Onlinehandel, Suchmaschinen und Social Media. Jedes dieser Unternehmen hat Hunderte Millionen von Kunden, die – nicht immer ganz freiwillig – die gewaltigen Datenmengen bereitstellen, mit denen die Algorithmen trainiert werden.

Wäre es eine gute Idee, den KI-Fonds der DWS Group zu kaufen, in dem all diese Unternehmen enthalten sind? Der ETF, der 2019 aufgelegt wurde, hat von Ende 2020 bis Ende 2023 Renditen von durchschnittlich rund 17,5 Prozent pro Jahr abgeworfen. Er war damit deutlich besser als der MSCI World Information Technology, der in dieser Zeit Nettorenditen von 11,3 Prozent lieferte. Allerdings ist eine Spanne von drei Jahren viel zu kurz, um belastbare Prognosen für die Wertentwicklung in den kommenden drei oder fünf Jahren machen zu können. Wie unsicher alle Vorhersagen sein müssen, zeigt die extrem hohe Volatilität: 2022 erlitt der ETF einen Wertverlust von 35 Prozent; im folgenden Jahr machte er hingegen ein Plus von 68 Prozent! Eine Anlegerin, die in künstliche Intelligenz investieren möchte, fährt mit dem Produkt der DWS aber voraussichtlich erheblich besser als mit den beiden hierzulande erhältlichen Konkurrenzprodukten.

Der New Yorker Asset-Manager WisdomTree hat für seinen KI-Fonds zusammen mit dem Börsenbetreiber Nasdaq und der amerikanischen Verbraucherschutz-Organisation CTA eigens einen neuen Aktienindex gebastelt, den Nasdaq CTA Artificial Intelligence mit rund 70 Unternehmen aus den USA, Asien und Europa. Er bildet die Basis für den WisdomTree-Fonds mit der ISIN IE00BDVPNG13. Der ETF ist thesaurierend; die jährlichen Kosten betragen 0,40 Prozent. Bei der Zusammenstellung des Referenzindex wurde weitgehend auf IT-Konzerne wie Google, Nvidia oder Microsoft verzichtet. Stattdessen bestehen die zehn größten Positionen überwiegend aus kleineren und mittelgroßen Unternehmen. Dieses alternative Konzept hat sich allerdings für die Anleger bis dato nicht ausgezahlt; die finanzielle Performance ist schlicht enttäuschend. Laut Angaben von WisdomTree beliefen sich die Renditen im Zeitraum von Ende 2020 bis Ende 2023 im Mittel auf jährlich 1,5 Prozent. Ebenfalls wenig überzeugend ist der KI-Fonds des britischen Finanzkonzerns Legal & General (L&G). Der thesaurierende ETF mit der ISIN IE00BK5BCD43 enthält eine Mischung aus einigen bekannten IT-Unternehmen und vielen mittelgroßen Firmen. Laut Angaben von L&G beliefen sich die jährlichen Renditen von Ende 2020 bis Ende 2023 auf durchschnittlich 3,2 Prozent, einen ebenfalls sehr mageren Wert. Mit jährlichen Kosten von 0,49 Prozent ist dies zudem das teuerste der drei hier vorgestellten Produkte.

Der Überblick dürfte gezeigt haben, dass Investments in das Zukunftsgebiet künstliche Intelligenz keineswegs hohe Renditen garantieren: Für den Zeitraum von Ende 2020 bis Ende 2023 reichen die Werte von jährlich 1,5 Prozent bis 17,5 Prozent. Zwar sind drei Jahre, wie gesagt, ein zu kurzer Zeitraum, um belastbare Prognosen abgeben zu können. Doch die Unterschiede sind so groß, dass eine gewisse Schlussfolgerung zulässig ist: Das Konzept von WisdomTree, das vor allem auf kleine und mittelgroße Unternehmen setzt, ist augenscheinlich bei Weitem nicht so aussichtsreich wie die Strategie von DWS, wo die amerikanischen IT-Giganten im Vordergrund stehen. Wie schon erwähnt, generieren Firmen wie Alphabet, Amazon und Meta Platforms in ihren Kerngeschäften die riesigen Datenmengen, die für KI-Lösungen benötigt werden. Zudem können diese Konzerne dank ihrer nahezu unbegrenzten finanziellen Mittel jedes Start-up dieser Erde kaufen, das an einer verheißungsvollen KI-Technologie arbeitet. So ist Microsoft enger Kooperationspartner und größter Anteilseigner von OpenAI, also jener Firma, die den Chatbot ChatGPT entwickelte. Diese Argumente sprechen ebenfalls für den ETF von DWS. Da aber alle Investments in KI spekulativ sind, sollten Anleger maximal fünf bis zehn Prozent ihrer liquiden Mittel in die künstliche Intelligenz stecken.

4.4 Astronomische Gewinne im Mikrokosmos
Die vielseitigen Helfer sind allgegenwärtig: Chips finden sich in Computern, Fernsehern und Smartphones; sie steuern Waschmaschinen, Windräder und Werkzeugmaschinen. Ohne Mikroprozessoren rollt heute kein Auto mehr über die Straßen, fliegt kein Flugzeug und rast kein ICE über die Schienen. Halbleiter werden überall gebraucht, wo in großem Stil Daten gespeichert, verarbeitet oder genutzt werden. Wenn es je eine Querschnittstechnologie gegeben hat, die in den unterschiedlichsten Branchen, Produkten und Produktionsverfahren eingesetzt wird, dann ist es die Mikroelektronik. Sie hat heute für die globale Wirtschaft eine ebensolche Bedeutung wie einst die Dampfmaschine, die die Industrialisierung in Gang setzte.

Auf den ersten Blick sprechen die Fakten für ein Investment in der Chipindustrie. Keine andere große Branche hat in den vergangenen Jahren eine so prächtige Wertentwicklung gezeigt wie diese Schlüsseltechnologie. Dies belegen die Daten des MSCI World Semiconductors and Semiconductor Equipment Index, der rund drei Dutzend Mikroelektronik-Unternehmen aus den westlichen Industrieländern abbildet. Von Ende 2013 bis Ende 2023 beliefen sich die Nettorenditen des Chipindex im Mittel auf 23,5 Prozent pro Jahr. Der MSCI World Information Technology erzielte in diesem Zeitraum annualisierte Nettorenditen von 18,2 Prozent. Die Erträge der Teilbranche Mikroelektronik waren also um gut fünf Prozentpunkte höher als beim breiten Sektor Informationstechnologien. Auch über längere Zeitspannen liefern die Chiphersteller bessere Erträge als die IT-Industrie insgesamt. Von Ende 2000 bis Ende 2023 erzielte der MSCI-Index auf Halbleiter im Schnitt Nettorenditen von 9,1 Prozent im Jahr. Der MSCI World Information Technology kam auf 8,3 Prozent.

Wie schafft es die Chipindustrie, über einen so langen Zeitraum so exzellente Renditen für die Anleger zu erwirtschaften? Hierfür sind mehrere Gründe verantwortlich. Zum einen wächst die Nachfrage nach Halbleitern anscheinend unaufhaltsam an. Ein Megatrend unserer Zeit ist die ökologische Transformation der Wirtschaft. Jedes Windrad, das neu aufgestellt wird, enthält eine ausgefeilte Elektronik, mit der die Anlage gesteuert wird. Um den Energieverbrauch von Hausgeräten, Maschinen und Produktionsanlagen zu drosseln, werden ebenfalls unzählige Chips benötigt. Jede neue Smartphone-Generation enthält leistungsfähigere und sparsamere Halbleiter. Nicht zuletzt verschlingen die digitalen Fahrassistenten, die zunehmend die Autofahrer unterstützen, enorme Mengen an elektronischen Bauelementen.

Zugleich schießt der Aufwand für die Forschung und Entwicklung in die Höhe. Es wird immer schwieriger, die bereits ultrawinzigen Schaltkreise noch weiter zu verkleinern. Rund ein halbes Jahrhundert galt in der Mikroelektronik das mooresche Gesetz, nach dem sich die Leistung der Chips ungefähr alle 18 bis 24 Monate verdoppelt. Diesen Rhythmus kann die Industrie schon lange nicht mehr einhalten. Inzwischen vergehen oft drei bis vier Jahre, bis eine Verdoppelung der Leistung erreicht werden kann. Ein Wissenschaftlerteam der Stanford University und des Massachusetts Institute of Technology hat herausgefunden: Um einen neuen Chip zu entwickeln, werden heute rund 18-mal so viele Ingenieure, Chemiker und IT-Experten benötigt wie 1970. Die enormen Entwicklungskosten können sich nur ganz wenige Großunternehmen leisten; in der Mikroelektronik haben Start-ups praktisch keine Chance. Letztlich beherrscht eine kleine Gruppe von Anbietern die weltweiten Halbleitermärkte. Da der Wettbewerb nicht allzu scharf ist, können die Hersteller gute Preise verlangen und prächtige Gewinne erzielen. Daran wird sich in Zukunft wohl wenig ändern.

Ferner ist die Mikroelektronik sehr kapitalintensiv. Eine neue Chipfabrik kostet schon mal zehn oder gar zwanzig Milliarden Dollar – für dieses Geld lassen sich fünf oder zehn Autowerke bauen. Aufgrund des immensen Aufwands sind die Chiphersteller beim Ausbau ihrer Kapazitäten oft sehr zurückhaltend: In den vergangenen Jahren wurden viel zu wenige neue Fabriken gebaut. Die Produktion konnte mit der Nachfrage längst nicht mehr Schritt halten. Aufgrund des Halbleitermangels mussten mehrere

Autofabriken zeitweise die Fließbänder abstellen. Zwar haben die Chipkonzerne den Bau neuer Produktionsstätten angekündigt; gleich mehrere riesige Fabriken sollen in Ostdeutschland entstehen. Angesichts der immensen Kosten wollen die Unternehmen jedoch nur dann investieren, wenn sie großzügige Subventionen vom Staat bekommen; in öffentlichen Kassen herrscht jedoch Ebbe. Es dürften weit weniger neue Chipfabriken gebaut werden als angekündigt. Der Mangel an Produktionskapazitäten wird vermutlich anhalten und dafür sorgen, dass Preise, Gewinne und Renditen weiterhin auf hohem Niveau verharren.

Das Börsenrisiko Nvidia

Natürlich kann niemand sagen, wie genau die Entwicklung verlaufen wird. Doch über der Chipindustrie schwebt ein gewaltiges Risiko, das sich exakt benennen lässt: die kalifornische Firma Nvidia. Sie hat sich auf superschnelle Grafikprozessoren für Hochleistungscomputer spezialisiert, auf denen KI-Lösungen entwickelt werden. Bei diesen Halbleitern verfügt Nvidia auf den Weltmärkten nahezu über ein Monopol. Aufgrund der überragenden Marktstellung in einer Schlüsseltechnologie wird das Unternehmen an der Börse exzessiv hoch bewertet: Im Februar 2024 lag die Marktkapitalisierung bei rund zwei Billionen Dollar. Dies war genau 67-mal so viel wie der Gewinn nach Steuern, den Nvidia im Geschäftsjahr 2023/2024 erzielte – dieser betrug knapp 30 Milliarden Dollar. Nehmen wir an, Nvidia würde in den kommenden Jahren genauso hohe Reingewinne erzielen wie 2023/2024. Dann würde es 67 Jahre, also fast ein Menschenalter, dauern, bis die aufgelaufenen Gewinne so hoch wären wie der Börsenwert im Februar 2024. Die Umsätze und Erträge müssten also in den kommenden Jahren einen großen Sprung nach oben machen, damit Gewinne und Börsenwert einigermaßen ins Lot kommen. Als angemessen gilt in der IT-Industrie ein Kurs-Gewinn-Verhältnis (KGV) bis zu 40 – bei Nvidia war das KGV im Februar 2024 jedoch um rund zwei Drittel höher.

Wird es dem Chipunternehmen gelingen, die hochspekulativen Erwartungen der Anleger in der absehbaren Zukunft zu erfüllen? Hieran gibt es massive Zweifel, denn Nvidia bekommt zunehmend Konkurrenz. Microsoft, einer der Major Player in der künstlichen Intelligenz, hat 2023 die Entwicklung eigener KI-Chips gestartet. Der Softwarekonzern ist anscheinend verärgert über die hohen Preise, die der Monopolist Nvidia verlangt. Andere Unternehmen haben offenbar ähnliche Pläne wie Microsoft. Ungeachtet solcher Meldungen heben die Finanzmärkte Nvidia weiterhin in den Himmel. Sollten die Börsen jedoch plötzlich anderer Meinung sein, würde der völlig überhöhte Kurs des Unternehmens schlagartig implodieren. Ein solch dramatischer Wertverlust hätte nicht nur gravierende Folgen für Nvidia und dessen Aktionäre, sondern auch für den MSCI World Semiconductors and Semiconductor Equipment, an dem das Unternehmen Ende 2023 einen Anteil von mehr als 30 Prozent hatte. Wenn der Börsenstar verglüht, gehen womöglich im gesamten Index die Lichter aus.

Die Anleger müssen einen langen Zeithorizont haben
All diese Chancen und Risiken sollten Anleger sorgfältig erwägen, bevor sie in einen ETF auf die Chipindustrie

investieren. In der EU werden fünf Indexfonds auf Halbleiterwerte angeboten. Lediglich drei Produkte haben ein Fondsvermögen von mehr als 100 Millionen Dollar. Der größte Indexfonds ist der VanEck Semiconductor, der im Herbst 2023 ein Volumen von rund einer Milliarde Dollar hatte. Der ETF mit der ISIN IE00BMC38736 enthält jedoch nur 25 Titel – dies ist keine ausreichende Basis für eine breite, risikomindernde Diversifizierung. Um die Verlustrisiken zu begrenzen, ist jedoch eine Kappung vorgesehen: Keine Aktie darf mit mehr als zehn Prozent in die Berechnung des Index eingehen. Die Risiken, die von Nvidia ausgehen, sind also begrenzt; der Chiphersteller kam im Oktober 2023 auf einen Anteil von 9,6 Prozent am Fondsvermögen. Der ETF wurde zwar erst im Dezember 2020 aufgelegt, für den Referenzindex liegen jedoch Zahlen für den Zeitraum von Ende 2013 bis Ende 2023 vor. Für diese Periode werden Gesamtrenditen von durchschnittlich 22,5 Prozent pro Jahr angegeben.

Einen zweiten ETF auf Halbleiterwerte bietet das französische Fondshaus Amundi an. Der Indexfonds mit der ISIN LU1900066033 hat ein Volumen von rund 150 Millionen Euro. Für diesen Index spricht, dass er mit rund 80 Positionen recht breit diversifiziert ist. Allerdings ist keine Kappung vorgesehen. Daher hatte Nvidia Ende 2023 einen gefährlich hohen Anteil von 26,5 Prozent am Fondsvermögen. Der Referenzindex wurde im November 2015 gestartet. In den gut acht Jahren bis Ende 2023 beliefen sich die jährlichen Nettorenditen im Mittel auf 26,4 Prozent.

Am ehesten zu empfehlen ist der Chip-ETF von BlackRock, der ein Volumen von rund 700 Millionen Dollar aufweist. Der Indexfonds mit der ISIN IE000I8KRLL9 hat mit 275 Positionen das weitaus breiteste Fundament aller Halbleiter-ETFs, die hierzulande erhältlich sind. Zudem ist eine Kappung vorgesehen: Nvidia hat lediglich einen Anteil von 6,7 Prozent. Der Referenzindex wird seit Februar 2015 geführt. Bis Ende 2023 wurden jährliche Nettorenditen von durchschnittlich 21,3 Prozent erzielt. Alle drei Indexfonds sind thesaurierend; die Gesamtkosten betragen pro Jahr jeweils 0,35 Prozent. Auch bei den Erträgen sind die Unterschiede nicht allzu groß. Ein exakter Vergleich ist aufgrund der unterschiedlich langen Referenzperioden, die zwischen acht und zehn Jahren betragen, leider nicht möglich. Doch bei allen drei Indexfonds lagen die Werte im Mittel bei mehr als 20 Prozent pro Jahr. Dies sind unbestritten fantastische Werte. Anleger müssen aber damit rechnen, dass auch in Zukunft ebenso schwere, lang anhaltende Verlustphasen wie nach dem Platzen der Dotcom-Blase eintreten können. Ein Investment kommt daher nur mit einem tiefen Zeithorizont infrage: Die Investoren müssen mindestens zehn, besser zwanzig Jahre lang bei der Stange bleiben. Überdies sollten sie, ebenso wie bei der künstlichen Intelligenz, nicht mehr als fünf bis zehn Prozent ihrer Ersparnisse in die potenziell sehr ertragreiche, aber eben auch ziemlich risikoreiche Mikroelektronik stecken.

4.5 Eine gesunde Mixtur von Chancen und Risiken

Kein anderer Sektor der globalen Wirtschaft ist so wissensintensiv wie die Gesundheitsindustrie. Die Pharmaunternehmen investieren bis zu einem Viertel ihrer Umsätze in die Entwicklung neuer Medikamente; der Anteil ist erheblich höher als bei den Informationstechnologien. Auch in den anderen Zweigen des Gesundheitswesens arbeiten außerordentlich viele hoch qualifizierte Fachleute – von Ärztinnen und Krankenpflegern bis zu Psychologinnen und Ernährungsberatern. Dieser Sektor repräsentiert beispielhaft die heraufziehende Wissensgesellschaft. Zugleich erzielen viele Unternehmen, die in dieser Superbranche aktiv sind, hohe Gewinne, die sich in anhaltend steigenden Börsenkursen niederschlagen. Sehr profitabel sind vor allem die forschenden Arzneimittelhersteller. Außer den Informationstechnologien beschert kein Sektor den Aktionären so hohe Renditen wie die Gesundheitswirtschaft. Während die IT-Industrie aber von starken Kursschwankungen geprägt wird, ist die Volatilität in der Gesundheitswirtschaft sehr gering. Dieser Sektor zeichnet sich durch die sehr seltene Kombination von guten Renditen und niedrigen Risiken aus. Zugleich werden Pharmaunternehmen an der Börse im Durchschnitt erheblich niedriger bewertet als IT-Aktien, die immer wieder zum Gegenstand von Spekulationen werden. Ein Investment in den Health-Care-Sektor kommt auch für konservative Anleger infrage, die darauf bedacht sind, die Gefahr von Vermögensverlusten so weit wie möglich einzugrenzen.

Welche enorme Bedeutung pharmazeutische Innovationen für die Gesundheit der Menschen, aber auch die gesamte Gesellschaft und Wirtschaft haben, erwies sich eindrucksvoll nach dem Ausbruch der Pandemie. Um die Ausbreitung von Covid-19 zu stoppen, verhängten die Regierungen nahezu aller westlichen Industrieländer im

Frühjahr 2020 scharfe Lockdowns, die die globale Wirtschaft schwer belasteten. Zugleich setzte ein weltweiter Wettlauf um die Entwicklung eines Impfstoffs ein, mit dem die Bevölkerung vor dem Coronavirus geschützt werden sollte. Zu den Gewinnern gehörte die Mainzer Firma Biontech, der es gelang, binnen kürzester Zeit das Vakzin Comirnaty zu entwickeln. Der weltweit eingesetzte Impfstoff beruhte auf einem gentechnologischen Verfahren, mit dem sich die Gründer der Firma bereits seit Langem beschäftigen. Die Weitsicht der beiden türkischstämmigen Wissenschaftler Özlem Türeci und Uğur Şahin, die Biontech 2008 gegründet hatten, zahlte sich aus: Das Unternehmen verdiente mit Comirnaty viele Milliarden Euro, die überwiegend in die Entwicklung neuer Medikamente fließen sollen. Auch die Aktionäre hatten ihren Vorteil. Der Kurs des Biotech-Unternehmens, der vor Ausbruch der Pandemie bei rund 40 Euro gelegen hatte, schoss steil in die Höhe. Im Sommer 2021 notierte die Aktie zeitweise bei deutlich mehr als 300 Euro. Nicht zuletzt profitierten die öffentlichen Kassen: Dank der Steuern von Biontech ist die Finanzierung des Haushalts der Stadt Mainz für die absehbare Zukunft gesichert.

Leben retten, statt Menschen zu bespaßen

Während in den Informationstechnologien oft das Entertainment im Mittelpunkt steht, geht es in der Gesundheitswirtschaft häufig um Leben und Tod. Mit einem gewaltigen Einsatz von Hirn und Kapital werden im Silicon Valley neue Konsumprodukte und Dienstleistungen entwickelt, die zuvor kein Mensch vermisst hatte. Um die Konsumenten vom Nutzen all der neuen Apps und Gadgets zu überzeugen, stecken die IT-Konzerne oft mehr Geld in Marketing und Werbung als in Forschung und Entwicklung (F+E). Auch die Produkte, die Pharmaunternehmen auf den Markt werfen, sind keineswegs immer nützlich. Viele neue Medikamente haben nur begrenzte Heilwirkung. Sie helfen eher den Herstellern und ihren Aktionären als den Patienten. Doch bei der Bekämpfung von Volkskrankheiten wie Herzinfarkt, Krebs und Schlaganfall, bei denen es noch weitgehend an wirksamen Mitteln zur Vorbeugung, Heilung oder Linderung fehlt, spielen die Arzneimittelhersteller notwendigerweise eine Schlüsselrolle. Eine besondere Herausforderung bildet die wachsende Zahl von Demenzkranken in Industrienationen wie der Bundesrepublik. Je älter die Bevölkerung wird, desto mehr Menschen leiden an Alzheimer oder ähnlichen Krankheiten.

Ob es der Pharmaindustrie gelingen wird, Arzneimittel zu entwickeln, die eine bessere Prävention gegen oder eine Therapie von Alzheimer, Krebs und Herz-Kreislauf-Krankheiten ermöglichen, lässt sich natürlich kaum vorhersagen. Sicher ist jedoch, dass die Entwicklung der benötigten Medikamente enorme Investitionen erfordert. Es wird immer aufwendiger, neue Wirkstoffe zu finden – es sind ja schon so viele Molekülkombinationen ausprobiert worden. Wissenschaftlichen Studien zufolge verdoppelt sich der Aufwand zur Entwicklung eines Arzneimittels etwa alle zehn Jahre. In den 1950er-Jahren genügten noch zehn oder zwanzig Millionen Dollar, um einen Impfstoff oder ein Therapeutikum zu erschaffen. Heute müssen die Pharmaunternehmen im Mittel rund eine Milliarde Dollar in die Hand nehmen, bis sie ein neues Medikament auf den Markt bringen können. Angesichts des unaufhaltsam wachsenden Aufwands investieren die Arzneimittelhersteller erheblich mehr Geld in die Forschung und Entwicklung als die IT-Konzerne. Apple steckt zum Beispiel rund 7,5 Prozent der Umsätze in F+E, bei den zehn forschungsstärksten Arzneimittelherstellern der Welt sind es hingegen 11 bis 25 Prozent, wie Tabelle 4.3 zeigt. 2022 hat die Branche weltweit insgesamt 244 Milliarden Dollar ausgegeben, um neue Arzneimittel zu entwickeln und zu testen.

Tabelle 4.3 Hundert Milliarden für neue Medikamente
Die zehn forschungsstärksten Pharmaunternehmen der Welt 2022

Firma	*Land*	F+E-Ausgaben in Dollar	Anteil am Umsatz
Roche	Schweiz	15,6 Milliarden	22 Prozent
Johnson & Johnson	USA	14,6 Milliarden	15 Prozent
Merck & Co.	USA	13,6 Milliarden	23 Prozent
Pfizer	USA	11,4 Milliarden	11 Prozent
Novartis	Schweiz	10,0 Milliarden	20 Prozent
AstraZeneca	Großbritannien	9,8 Milliarden	22 Prozent
Bristol-Myers Squibb	USA	9,5 Milliarden	21 Prozent
Eli Lilly	USA	7,2 Milliarden	25 Prozent
Sanofi	Frankreich	7,1 Milliarden	16 Prozent
AbbVie	USA	6,5 Milliarden	11 Prozent

Quelle: Angaben der Unternehmen, Fierce Biotech

Die Pharmahersteller sind gezwungen, ständig neue Arzneimittel auf den Markt zu bringen, wenn sie im Geschäft bleiben wollen. Denn sie können neu entwickelte

Medikamente in der Regel nur 20 Jahre lang nutzen. Dann laufen die Patente aus und Konkurrenten dürfen straflos Nachahmerpräparate herausbringen. Diese sogenannten Generikahersteller können deutlich billiger anbieten, da sie nicht die immensen Kosten für die Forschung und Entwicklung tragen müssen. Gegen diese Billigkonkurrenten haben die forschenden Pharmaunternehmen keine Chance. Kleinere Pharmaunternehmen müssen oft aufgeben, weil sie es nicht schaffen, rechtzeitig neue Arzneimittel zu entwickeln, bevor die Schutzrechte für die alten Produkte auslaufen. Größere Unternehmen verfügen eher über die Ressourcen, um gleichzeitig ein Dutzend Medikamente zu entwickeln, von denen vielleicht zwei oder drei die gesetzlich vorgeschriebenen Prüfverfahren bestehen. Das begünstigt die etablierten Hersteller, die ihren Sitz nahezu alle in den USA oder Westeuropa haben. Im Gegensatz zur IT-Industrie, wo Unternehmen aus Japan, Korea oder Taiwan den US-Konzernen die Stirn bieten, sind in der Pharmazie bislang praktisch keine bedeutenden Anbieter aus dem Fernen Osten aufgetreten. Die japanische Firma Takeda ist der einzige asiatische Arzneimittelhersteller, der auf den globalen Märkten eine gewisse Rolle spielt. Die westlichen Pharmakonzerne müssen ihre hohen Gewinne voraussichtlich auch in Zukunft nicht mit aggressiven Konkurrenten aus Ostasien teilen.

Viele Start-ups aus der Gentechnologie bringen nichts als Verluste

Den etablierten Pharmakonzernen sind jedoch in den vergangenen Jahren auf den Heimatmärkten neue, hochinnovative Konkurrenten erwachsen. Seitdem in den 1970er- und 1980er-Jahren entscheidende Durchbrüche in der Gentechnologie gelangen, wurden in den USA wie am Fließband Start-ups gegründet, die Arzneimittel auf der Basis der neuen wissenschaftlichen Erkenntnisse entwickeln. Manche Firmen wie Amgen oder Gilead Sciences erzielen mittlerweile Umsätze von 20 oder 30 Milliarden Dollar; sie sind längst Stars an der New Yorker Technologiebörse Nasdaq. Dort ist übrigens auch die Mainzer Firma Biontech notiert. Das Unternehmen ist keine Ausnahme; es gibt in der Gentechnologie auch in Großbritannien, der Schweiz, der Bundesrepublik und anderen europäischen Ländern viele weitere Start-ups, von denen vielleicht dem einen oder anderen ebenfalls ein solcher Überraschungserfolg gelingt wie Biontech mit dem Coronaimpfstoff Comirnaty.

Dennoch ist es keine gute Idee, in einen Indexfonds zu investieren, der die Stars der Gentechnologie abbildet. In der EU werden sechs ETFs auf Biotech-Werte angeboten, doch keiner von ihnen lieferte bislang anständige Gewinne. Bei drei Biotech-ETFs beliefen sich die Renditen von Ende 2020 bis Ende 2023 im Mittel auf rund drei Prozent im Jahr. Die übrigen Indexfonds bescherten den Investoren nichts als rote Zahlen. Die Chancen und Risiken hoch spezialisierter Startups aus den Hochtechnologien können Laien unmöglich angemessen beurteilen. Hierzu sind erfahrene Investoren wie etwa Venture-Capital-Gesellschaften besser in der Lage.

Die Renditen sind überdurchschnittlich hoch …
Private Anleger sollten lieber im Umfeld von breit gefassten Indizes investieren, die die gesamte Gesundheitsindus-

trie abbilden. Hierzu gehört der MSCI World Health Care, der rund 140 Unternehmen aus den Industrienationen enthält. Die Arzneimittelhersteller bilden zwar die größte Teilbranche, doch ist der Anteil mit gut 40 Prozent keineswegs dominant. Auf die Biotechnologie entfällt eine Quote von rund 14 Prozent. Wer in diese Zukunftstechnologie investieren möchte, muss also gar nicht einen eigenen Indexfonds kaufen. Neben Pharmazie und Biotechnologie gehören die Lieferanten von medizintechnischen Geräten und anderem Krankenhausbedarf zu den drei größten Teilbranchen. Der Rest des Index besteht aus Krankenversicherungen, Betreibern von Klinikketten und anderen Akteuren der Gesundheitsindustrie.

Die Erträge können sich im Vergleich zu anderen Branchen der globalen Wirtschaft sehen lassen: Von Ende 2013 bis Ende 2023 lieferte der Index Bruttorenditen von durchschnittlich 9,6 Prozent je Jahr; dies war ein halber Prozentpunkt mehr als der MSCI World schaffte. Der eigentliche Vorzug des Gesundheitswesens besteht jedoch nicht in den (leicht) höheren Renditen, sondern in der deutlich größeren Stabilität. Beispielhaft zeigt dies das Jahr 2022, als die globale Wirtschaft nach dem Ausbruch des Ukrainekriegs arg ins Taumeln geriet. An der Börse schlug sich dies in drastisch sinkenden Kursen nieder: Der MSCI World verlor 18 Prozent an Wert. Wer jedoch in einen Indexfonds auf den MSCI World Health Care investiert hatte, musste vergleichsweise geringe Einbußen hinnehmen: Dieser Index verlor im Krisenjahr 2022 lediglich 5,5 Prozent an Wert. Auch im langjährigen Trend erweist sich die Gesundheitswirtschaft als recht stabil. Selbst während der schweren Finanzkrise, die 2007 in den USA ausbrach und ein Jahr später auf die Weltwirtschaft übergriff, hielt sich dieser Sektor besser als die meisten anderen Branchen.

Tabelle 4.4 Empfehlenswert für konservative Anleger
Indexfonds auf den MSCI World Health Care

Anbieter	ISIN	Verwendung der Gewinne	Jährliche Gebühren
Amundi	LU0533033238	Thesaurierend	0,30 Prozent
BlackRock	IE00BJ5JNZ06	Ausschüttend	0,25 Prozent
DWS	IE00BM67HK77	Thesaurierend	0,25 Prozent
State Street	IE00BYTRRB94	Thesaurierend	0,30 Prozent

Quelle: Zusammengestellt nach Angaben der Fondsanbieter — Stand: 31. Dezember 2023

... und die Börsenbewertungen zugleich maßvoll

Die Börse neigt bekanntlich zu Übertreibungen. Bei Hoffnungswerten wie der künstlichen Intelligenz verlieren die Finanzmärkte zuweilen jedes Maß – siehe Nvidia. In der Gesundheitswirtschaft ist ein solcher „irrationaler Überschwang" allerdings ziemlich selten. Die Unternehmen, die im MSCI World Health Care enthalten sind, haben im Durchschnitt ein Kurs-Gewinn-Verhältnis von 25. Das ist nur leicht mehr als beim MSCI World, der auf ein KGV von 21 kommt. Der Gesundheitsindex empfiehlt sich also gleich in dreifacher Hinsicht für ein Investment: Die Renditen lagen in den vergangenen Jahren kontinuierlich über dem Vergleichsindex MSCI World. Zugleich waren die Verlustrisiken deutlich geringer. Außerdem werden die Unternehmen an der Börse im Allgemeinen nicht exzessiv hoch bewertet, wie dies in der IT-Industrie zuweilen der Fall ist.

In Deutschland werden neun Indexfonds auf die Gesundheitswirtschaft angeboten, die meisten sind jedoch ziemlich klein. Lediglich vier haben ein Volumen von mindestens 500 Millionen Dollar; die wichtigsten Daten sind in Tabelle 4.4 angegeben. Drei der aufgeführten ETFs beziehen sich auf den MSCI World Health Care. BlackRock hat sich für die Indexvariante MSCI Health Care ESG Reduced Carbon Select 20/35 Capped entschieden, die sich jedoch in Konzept und Zusammensetzung nicht wesentlich von der Hauptversion unterscheidet. Auch dieser Indexfonds bietet die seltene Kombination von guten Renditen und hoher Stabilität.

Teil V: Nachhaltig investieren

5.1 Einleitung und Überblick

Millionen von Menschen versuchen, so zu leben, dass Klima und Umwelt möglichst wenig mit Schadstoffen belastet werden. Sie fahren mit dem Bus statt mit dem Auto zur Arbeit, vermeiden beim Einkaufen, so gut es geht, Plastikverpackungen und heizen ihre Wohnung im Winter mit höchstens 19 Grad. Ebenso verantwortungsvoll möchten viele Sparer ihr Geld anlegen. In Umfragen geben drei von vier Deutschen an, dass sie grundsätzlich an einer nachhaltigen Vermögensanlage interessiert seien. Leider wissen viele Anleger nicht so recht, wie sie dies anstellen sollen. Das betrifft vor allem Investments in Aktien. Wie finde ich Unternehmen, die in ökologischer, sozialer und ethischer Hinsicht empfehlenswert sind? Auf welche Weise lässt sich dies überhaupt feststellen?

Aus Sicht der Finanzindustrie gibt es, wir ahnen es schon, eine bequeme und kostengünstige Lösung: ETFs, die ein breites Spektrum nachhaltiger Aktiengesellschaften abbilden. Freilich ist ein solches Investment alles andere als einfach, denn es werden mehr als 500 einschlägige Indexfonds in Deutschland angeboten. Das Problem besteht aber nicht allein in der verwirrenden Fülle von Angeboten – es gibt zudem ganz unterschiedliche Anlagestrategien. Wer seine Ersparnisse in nachhaltige Aktien investieren will, muss sich erst einmal Klarheit darüber verschaffen, was er damit überhaupt erreichen möchte. Es sind zwei grundsätzlich verschiedene Ziele oder Strategien zu unterscheiden.

- Die erste Strategie besteht darin, die schlimmsten Umwelt- und Klimasünder zu vermeiden. Eine Anlegerin entscheidet sich also zum Beispiel für einen Indexfonds, aus dem die größten Verursacher von Treibhausgasen ausgesondert worden sind. Das wären unter anderem Ölkonzerne, Chemieunternehmen und Autohersteller. Die Basis für einen solchen Nachhaltigkeitsindex ist beispielsweise eine Variante des MSCI World, die um die schlimmsten Schmutzfinken bereinigt wird.
- Bei der zweiten Strategie investiert ein Indexfonds gezielt in Firmen, mit deren Produkten und Technologien sich die CO_2-Emissionen kräftig reduzieren lassen. Dies wären Unternehmen, die zum Beispiel Solarmodule produzieren, Windparks betreiben oder Elektroautos herstellen. Solche hoch spezialisierten Indexfonds enthalten idealerweise keine Unternehmen aus „schmutzigen" Branchen.

Die erste Strategie könnte als „negativ" bezeichnet werden – eine Anlegerin versucht, die größten ökologischen Risiken zu vermeiden. Dies hat den Vorteil, dass das verbleibende Portfolio immer noch ziemlich breit aufgestellt ist. Der MSCI World besteht ja aus nahezu 1500 Unternehmen. Selbst wenn hiervon beispielsweise 80 Prozent wegen schlechter Nachhaltigkeit entfernt werden, bleiben immer noch 300 Firmen übrig. Dies garantiert eine Diversifizierung der Investments, mit der sich die Verlustrisiken auf ein Minimum beschränken lassen. Die negative Strategie hat jedoch zwei gravierende Nachteile. Zum einen befinden sich im Portfolio nach wie vor viele Unternehmen, die die Umwelt mit Abgasen, Abwasser und Abfällen belasten.

Zweitens hören die ausgesiebten Klimasünder ja nicht auf, zu produzieren und Treibhausgase freizusetzen. Die Ölmultis, die aus dem MSCI World entfernt werden, legen kein einziges Bohrloch still und schließen keine einzige Tankstelle, nur weil sie nicht in irgendeinem nachhaltigen Aktienindex enthalten sind.

Anders sieht dies bei der zweiten Strategie aus, die wir als „positiv" bezeichnen wollen. Hier wählt der Indexanbieter gezielt Unternehmen aus, die genau jene Produkte und Anlagen produzieren, mit denen sich die Aufheizung der Erdatmosphäre bremsen lässt. Je mehr Windräder sich drehen, desto weniger Treibhausgase quellen aus den Schornsteinen von Kohle- und Gaskraftwerken. Und eine gewerbliche Solaranlage liefert Strom für zahllose Elektroautos, die Pkw mit Diesel- oder Benzinmotor ersetzen.

Die Lieferanten dieser Technologien sind oft kleine und mittlere Unternehmen, die dringend Eigenkapital benötigen, damit sie expandieren können. Eine Anlegerin, die in solche Firmen investiert, stellt Mittel bereit, mit denen neue Produkte für den Klima- und Umweltschutz entwickelt, neue Fabriken gebaut und neue Absatzmärkte erschlossen werden können. Ein großer Nachteil der positiven Strategie besteht jedoch darin, dass die Indexfonds meist ein schmales, hochgradig spezialisiertes Portfolio aufweisen – mit entsprechend großen Verlustrisiken.

Hingegen liefern die meisten Indexfonds, die auf der negativen Strategie beruhen, ordentliche Renditen bei geringen Risiken. Kein Mensch kann von privaten Anlegern verlangen, dass sie ihre Lebensersparnisse aufs Spiel setzen, um heroische Ziele zu erreichen. Schließlich wollen die Sparer mit ihren Investments für die Zukunft vorsorgen. Niemand, der heute 25 oder 40 Jahre alt ist, weiß, wie viel Rente er dereinst bekommen wird. Es ist daher durchaus legitim, Abstriche bei den ökologischen Zielen zu machen und sich für die negative Strategie zu entscheiden. Wer diese Alternative erwägt, sollte jedoch bedenken, dass es zwei Kategorien gibt, die sich in Art und Qualität stark voneinander unterscheiden.

Die erste Variante besteht in der Auswahl eines Portfolios anhand einzelner Ausschlusskriterien. Basis ist ein breites Börsenbarometer wie der MSCI World, aus dem einige umstrittene Produkte und Technologien komplett ausgeschlossen werden. Dazu gehören meist Alkohol, Tabak, Glücksspiel und Pornografie. Auch kontroverse Waffen, Atomkraft und die Verstromung von Kohle sind oft tabu. Die beiden wichtigsten fossilen Energien – Öl und Erdgas – bleiben jedoch in der Regel unangetastet. Neben der Ölindustrie fallen auch die Autohersteller sowie die Betreiber von Gas- und Ölkraftwerken nicht unter die Ausschlusskriterien. Mithin enthalten diese Indizes weiterhin die wichtigsten Verursacher des menschengemachten Treibhauseffekts. Dies ist in den Augen vieler Kritiker ein klarer Fall von „Greenwashing". Diese fragwürdigen Produkte werden in Abschnitt 5.2 vorgestellt.

Eine Alternative besteht im Best-in-Class-Ansatz. Hierbei werden ebenfalls umstrittene Produkte, Technologien und Branchen aus einem Basisindex wie dem MSCI World entfernt. Doch dies ist nur der erste Schritt, der durch ein zweites Auswahlverfahren ergänzt wird: Die verbleibenden Firmen werden anhand eines ganzen Bündels weiterer Kriterien gefiltert. Hierzu gehören zum Beispiel die Mengen an Abwasser und Abfall, mit denen ein Unternehmen die Umwelt belastet. Sortiert wird aber zum Teil auch nach sozialen Standards wie der Fortbildung der Mitarbeiter oder der Förderung von Frauen in Führungspositionen. Schließlich spielt die gute Unternehmensführung eine entscheidende Rolle – also zum Beispiel die entschlossene Bekämpfung von Korruption, Betrug und Machtmissbrauch in der Firma. Die Unternehmen, die auf der zweiten Stufe am besten abschneiden, werden in den nachhaltigen Index aufgenommen. Freilich gibt es auch innerhalb dieser Kategorie große Unterschiede, die ein verantwortungsbewusster Anleger beachten sollte. Die höchsten Anforderungen an Nachhaltigkeit erfüllt das SRI-Konzept, das in Abschnitt 5.3 vorgestellt wird.

Wer in einen Indexfonds investiert, der auf diesem Ansatz beruht, muss sich darauf verlassen, dass der Anbieter eine gute Auswahl getroffen hat. Die Finanzdienstleister, die die Referenzindizes für solche Anlageprodukte entwickeln, teilen aber meist nicht im Einzelnen mit, welche Kriterien und Verfahren sie hierbei anwenden. Die Anleger können also nicht beurteilen, wie sorgfältig und gründlich die Indexanbieter arbeiten. Diese Intransparenz ist einer der Gründe, die für einen gänzlich anderen Ansatz für nachhaltige Investments sprechen – das Impact Investing. Dieses Konzept wird in Abschnitt 5.4 erläutert.

Der hierzulande beliebteste Index für Impact Investing ist der S&P Global Clean Energy, der unter anderem die dänischen Windkraftunternehmen Vestas und Oersted sowie die amerikanischen Fotovoltaik-Spezialisten First Solar und Enphase enthält. Unter den 100 Positionen dieses Index für erneuerbare Energien befinden sich allerdings auch rund 30 Solarfirmen aus China, die die Anleger vor ein moralisches Dilemma stellen. Mehrere dieser Unternehmen verarbeiten mutmaßlich Silizium, das in Arbeitslagern in der Provinz Xinjiang produziert wird. Dort sind zahllose Angehörige der uigurischen Minderheit ohne Rechtsgrundlage inhaftiert. Zwangsarbeit aber stellt einen gravierenden Verstoß gegen die Menschenrechte dar. In ökologischer Hinsicht mag der S&P Global Clean Energy vorbildlich sein, aus ethischer Perspektive ist er allerdings höchst fragwürdig (Abschnitt 5.5).

Das Element Wasserstoff soll eine Schlüsselrolle bei der Energiewende spielen. Bislang ist die Wasserstoffwirtschaft (Hydrogen Economy) allerdings weitgehend Zukunftsmusik. An der Börse hat sie jedoch bereits einen wilden Hype ausgelöst, der freilich rasch großer Ernüchterung wich. Ausgerechnet auf dem Gipfel der Kursrallye kamen mehrere Indexfonds für Wasserstoffwerte auf den Markt, die den Anlegern großenteils blutrote Zahlen bescherten. Die Firmen, die in diesen ETFs enthalten sind, haben überdies oft wenig mit grünem Wasserstoff zu tun, wie in Abschnitt 5.6 gezeigt wird.

Die Autoindustrie erlebt derzeit eine doppelte Revolution. Zum ersten Mal in ihrer Geschichte muss sie sich auf eine völlig neue Antriebstechnologie umstellen: Ab 2035 dürfen in der EU keine Pkws mit Benzin- oder Dieselmotoren mehr verkauft werden. Neben der Elektromobilität ist das autonome Fahren die zweite große Herausforderung. Mehrere Indexfonds bilden die Zukunft des Straßenverkehrs ab. Keines dieser Produkte kann jedoch überzeugen, wie in Abschnitt 5.7 erläutert wird.

Im letzten Abschnitt wird ein Resümee gezogen: In Kombination mit Indexfonds funktioniert Impact Investing nicht besonders gut. In nahezu allen Produkten stecken Unternehmen, in die ein verantwortungsvoller Anleger eigentlich nicht investieren sollte. Tatsächlich sind Best-in-Class-Konzepte ungeachtet aller Mängel vorzuziehen. Die beste Lösung aber besteht darin, in aktiv verwaltete Nachhaltigkeitsfonds zu investieren. Nur solche Produkte ermöglichen es, bei der Vermögensanlage ökologische und soziale Ziele zu verfolgen, ohne hierbei unzumutbare Kompromisse eingehen zu müssen. Allerdings sind solche Fonds nicht so bequem und kostengünstig wie ETFs.

5.2 Greenwashing

Was ist das überhaupt – Nachhaltigkeit? Vermutlich dürfte jeder Anleger darunter etwas anderes verstehen. Dies ist ein komplexes Konzept, das sehr viele ökologische, soziale und ethische Aspekte aufweist. Auch die Nachhaltigkeit eines Unternehmens kann auf ganz unterschiedliche Weise beurteilt werden. Für eine umfassende Bewertung wird im Allgemeinen das ESG-Konzept herangezogen, dessen drei Buchstaben die verschiedenen Dimensionen von Nachhaltigkeit bezeichnen. Das E steht für „Environment" und bezieht sich auf den Klima- und Umweltschutz. In dieser Kategorie werden die Unternehmen unter anderem danach bewertet, in welchem Maße sie die Erdatmosphäre mit der Emission von Treibhausgasen belasten. Weitere wesentliche Aspekte sind, ob die Firmen in ihren Fabriken energiesparende Maschinen und Anlagen einsetzen, ob sie mit anderen natürlichen Ressourcen ebenfalls sparsam umgehen und ob sie die Umwelt mit möglichst geringen Mengen an Abfall und Abwasser belasten. All diese Punkte betreffen allerdings nicht nur die Unternehmen selbst, sondern die gesamte Wertschöpfungskette von den Lieferanten bis zu den Endverbrauchern. Denn oft sind die Produkte erheblich schädlicher als die Produktion: Von den CO_2-Emissionen, die sich die Autohersteller zurechnen lassen müssen, entfallen meist mehr als 90 Prozent auf die Abgase aus den Auspuffen von Personenwagen, Omnibussen und Lastwagen.

Das S bezieht sich auf die sozialen Beziehungen eines Unternehmens, die in einem breit gefassten Verständnis ebenfalls zur Nachhaltigkeit gehören. Eine Aktiengesellschaft hat nicht nur Anteilseigner und Manager, sondern auch zahllose Mitarbeiter, deren Interessen beachtet werden müssen. Zu den sogenannten Stakeholdern gehören ebenfalls die Kunden, die Lieferanten und die Einwohner der Stadt, in der ein Unternehmen aktiv ist. In die Kategorie S fallen Themen wie die Arbeitsbedingungen im Betrieb, gute Angebote zur Fort- und Weiterbildung der Mitarbeiter, die Förderung von Frauen und Minderheiten, eine faire Behandlung von Kunden und Lieferanten sowie das soziale Engagement in der Gemeinschaft. Das G in der Abkürzung ESG steht schließlich für eine gute Unternehmensführung. Befolgt das Management im

Alltagsgeschäft hohe ethische Prinzipien? Werden Geldwäsche, Korruption und Machtmissbrauch im Unternehmen konsequent bekämpft? Bestehen die Vorstände nur aus weißen Männern oder sind dort auch Frauen und Angehörige von Minderheiten angemessen vertreten? Hält sich ein international tätiges Unternehmen überall an Recht und Gesetz? Werden auch in Ländern mit einem autoritären, oppressiven Regime stets die Menschenrechte geachtet?

Die Ausschlusskriterien zielen oft ins Leere

Dutzende von Indexfonds, die hierzulande angeboten werden, schmücken sich mit dem Kürzel ESG. Zu den Anbietern gehören die amerikanischen Asset-Manager BlackRock und Invesco, die Schweizer Großbank UBS sowie die französischen Finanzinstitute Amundi und BNP Paribas. Kühn unter der ESG-Flagge segelnd, haben sie bei den Anlegern in der EU rund 50 Milliarden Euro eingesammelt. Die Indexfonds, in die diese Gelder fließen, werden den hohen Ansprüchen des ESG-Konzepts allerdings sehr häufig nicht gerecht. Beispielhaft zeigt dies der „Öko-Index" Dax 50 ESG, der 50 Unternehmen aus dem Dax und den beiden Börsenindizes M-Dax und Tec-Dax enthält. Die ausgewählten Firmen wurden zwar einem ökologischen, sozialen und ethischen Screening unterzogen, doch das Auswahlverfahren ist erstaunlich lax: Die Ausschlusskriterien bestehen lediglich aus Atomkraft, Kohleverstromung, Tabak, Waffen, umstrittenen Methoden der Öl- und Gasförderung sowie schweren Verstößen gegen die Menschenrechte.

Diese Kriterien zielen allerdings weitgehend ins Leere. Beispielhaft zeigt dies die Atomkraft: Die letzten drei Kernkraftwerke wurden in Deutschland 2023 vom Netz genommen. Bereits viele Jahre zuvor hatte der Elektrokonzern Siemens den Ausstieg aus der Nuklearenergie verkündet. Es ist also schlicht überflüssig, die Atomkraft ausdrücklich zu sanktionieren. Auch der Ausschluss von umstrittenen Verfahren der Öl- und Gasförderung hat lediglich symbolische Bedeutung, denn es gibt im Dax keine Unternehmen, die Fracking oder die Ausbeutung von Ölsand betreiben würden. Schließlich ist an den deutschen Börsen kein einziger Zigarettenhersteller notiert. Lediglich zwei Ausschlusskriterien haben Konsequenzen für die Zusammensetzung des Dax 50 ESG-Kohleverstromung und Rüstungsgüter. Der Energieversorger RWE wurde wegen seines hohen Anteils an Kohlestrom nicht aufgenommen. Auch die Rüstungslieferanten Airbus, MTU und Rheinmetall blieben außen vor.

Hingegen sind sämtliche deutschen Autohersteller in dem Index enthalten. Die Unternehmen produzieren zwar mittlerweile recht umweltfreundlich, doch ihre Produkte belasten die Erdatmosphäre mit ungeheuren Mengen an Treibhausgasen. Allein die Pkws, die bei Volkswagen und den Tochterfirmen Audi, Seat und Skoda produziert wurden und die weiterhin über die Straßen dieser Erde rollen, erzeugen pro Jahr rund 300 Millionen Tonnen Kohlendioxid. Dies entspricht laut Angaben von VW rund einem Prozent der gesamten von Menschen erzeugten CO_2-Emissionen. Der Autokonzern zählt eindeutig zu den schlimmsten Klimasündern des Dax. Auch bei vielen anderen Unternehmen, die im Dax 50 ESG enthalten sind, handelt es sich keineswegs um ökologische Musterknaben: Dort finden sich nahezu alle Chemieunternehmen des Dax und des M-Dax, die Fluggesellschaft Lufthansa und der Zementhersteller Heidelberg Materials, einer der größten deutschen Verursacher von Treibhausgasen. Angesichts der laxen Auswahlkriterien kann beim Dax 50 ESG von „Greenwashing" gesprochen werden.

Tabelle 5.1 Großzügige Auswahl
Fünf ESG-Indizes sind nahezu deckungsgleich mit dem MSCI World

Index	Anzahl der Titel
MSCI World	1.480
MSCI World ESG Universal Select Business Screens	1.369
MSCI World ESG Screened	1.356
MSCI World ESG Enhanced Focus CTB	1.355
MSCI World Select ESG Screened	1.334
MSCI World Climate Change ESG Select	1.228

Quelle: Zusammengestellt nach Angaben von MSCI Stand: 31. Dezember 2023

Fast alle Unternehmen bestehen den ESG-Test
Den gleichen Vorwurf muss sich der New Yorker Finanzdienstleister MSCI gefallen lassen, der einen ganzen Schwung von fragwürdigen „ESG-Indizes" auf den Markt geworfen hat. An den fantasievollen Bezeichnungen lässt sich nicht erkennen, dass diese Produkte nicht einmal hellgrün sind. Ein Blick auf die hohe Anzahl der Titel, die

diese Indizes enthalten, zeigt jedoch, dass es mit der Nachhaltigkeit nicht sehr weit her sein kann. Die fünf Indizes in Tabelle 5.1 beruhen alle auf dem MSCI World, der Ende 2023 aus 1480 Aktiengesellschaften bestand, von denen die allermeisten in die ESG-Indizes übernommen wurden. Beim MSCI World ESG Universal Select Business Screens blieben nach dem Auswahlverfahren zum Beispiel 1369 Unternehmen übrig. Lediglich sieben Prozent wurden wegen unzureichender Nachhaltigkeit ausgeschlossen! Bei den vier anderen ESG-Indizes ist die Anzahl der übernommenen Titel zwar etwas geringer, doch selbst beim MSCI World Climate Change ESG Select bestehen 83 Prozent das ESG-Screening. Da kann die Auswahl nicht sonderlich streng gewesen sein. Oft dürften bei den enthaltenen Firmen nicht einmal die Mindestanforderungen an Nachhaltigkeit erfüllt worden sein. Dennoch bieten die Fondsgesellschaften in großer Zahl Produkte auf diese Indizes an.

- Die amerikanische Investmentgesellschaft Invesco hat zum Beispiel einen ETF auf den MSCI World ESG Universal Select Business Screens aufgelegt. Das Fondsmanagement stört sich offenbar nicht daran, dass dieser Index zu mehr als 90 Prozent mit dem MSCI World identisch ist, also unmöglich wirklich nachhaltig sein kann. Invesco bietet zudem sechs weitere Indexfonds an, die Varianten dieses Börsenindex für einzelne Länder und Regionen abbilden.
- Selbstverständlich ist auch der Fondsgigant BlackRock dabei. Er offeriert ein Dutzend Indexfonds, die den MSCI World ESG Screened Index und dessen nationale

und regionale Varianten abbilden. In diese zweifelhaften Produkte, die gleichfalls auf einem laxen ESG-Screening beruhen, investierten Anleger aus der EU rund zwölf Milliarden Euro.
- Überdies hat BlackRock mehrere ETFs aufgelegt, die sich auf die Indexfamilie MSCI ESG Enhanced Focus beziehen. Hiermit konnte der New Yorker Asset-Manager laut Recherchen des Autors die kaum glaubliche Summe von rund 30 Milliarden Euro einwerben. Sind die Investoren tatsächlich so blauäugig? Ist niemandem aufgefallen, dass auch dieser Index zahllose Unternehmen enthält, die mit dem Ausstoß von Kohlendioxid die Erdatmosphäre aufheizen?
- Deutsche Fondshäuser machen ebenfalls mit. Die Frankfurter DWS Group bietet rund zwei Dutzend Produkte auf die MSCI-Indexfamilie Select ESG Screened an. Die Anleger zahlten in diese Indexfonds mehr als drei Milliarden Euro ein, wie sich aus Angaben des Anbieters errechnen lässt.
- Die Sparkassen-Tochter Deka Investment entschied sich für den MSCI World Climate Change ESG Select, der ebenfalls verschiedene regionale Ableger hat. Und die Frankfurter Fondsgesellschaft konnte hiermit bei den Investoren rund drei Milliarden Euro einwerben.

Summa summarum haben private und gewerbliche Investoren ungefähr 50 Milliarden Euro in ETFs investiert, die sich auf angeblich nachhaltige Aktienindizes von MSCI beziehen. Solche Produkte sollte jeder Anleger meiden, dem es ernst ist mit der verantwortungsbewussten Geldanlage.

5.3 Sozial verantwortliche Investments

Fairerweise muss gesagt werden, dass MSCI nicht nur die oben genannten luschigen ESG-Produkte im Programm hat. Der Finanzdienstleister bietet auch Indizes an, die verhältnismäßig strengen Anforderungen genügen. Da das Kürzel ESG als Gütesiegel für Nachhaltigkeit jede Glaubwürdigkeit verloren hat (wozu MSCI nach Kräften beigetragen hat), entschied sich das Unternehmen für eine gänzlich andere Bezeichnung: Die Produkte werden unter dem Rubrum „Socially Responsible Investments" (SRI) angeboten. Wie bei einigen ESG-Indizes besteht das grundlegende Konzept darin, die Unternehmen einem zweistufigen Auswahlverfahren zu unterziehen: Im ersten Schritt werden bestimmte Produkte, Branchen und Technologien grundsätzlich ausgeschlossen. Dann folgt ein Screening nach allgemeinen ESG-Kriterien. Es wird also zum Beispiel geprüft, wie hoch die CO_2-Emissionen sind, die die Unternehmen verursachen. Fördern sie überdies Frauen und Angehörige von Minderheiten? Und werden Korruption, Geldwäsche und Machtmissbrauch in der Firma entschlossen bekämpft?

Das Verfahren ist also nicht grundsätzlich neu. Allerdings sind die Prozeduren bei den SRI-Indizes auf beiden Stufen erheblich strenger als bei den ESG-Produkten. Zum einen fallen deutlich mehr Branchen, Produkte und Technologien unter die Ausschlusskriterien: Hierzu gehören die persönlichen Laster Alkohol, Tabak, Glücksspiel und Pornografie, aber auch Waffen jeder Art, Gentechnologie, Atomkraft und die Verstromung von Kohle. Der wichtigste Unterschied zu allen anderen MSCI-Indizes besteht darin, dass jetzt die

Förderung von fossilen Energien jeder Art – also auch Mineralöl und Erdgas – ein grundsätzliches Ausschlusskriterium bildet. Damit wird endlich die Öl- und Gasindustrie sanktioniert, die zu den schlimmsten Verursachern des menschengemachten Treibhauseffekts zählt. Der zweite Schritt, die Auswahl der verbleibenden Unternehmen anhand von ESG-Ratings, ist ebenfalls strikter. Von den 1480 Unternehmen des MSCI World überstehen, je nach Indexvariante, nur ungefähr 20 bis 45 Prozent das Auswahlverfahren. Das SRI-Konzept kommt also durchaus für verantwortungsbewusste Anleger infrage, doch ist es alles andere als einfach, das richtige Produkt zu finden. Denn MSCI bietet zahllose Versionen des SRI-Konzepts an. Die fünf Hauptvarianten, die alle auf dem MSCI World beruhen, sind die folgenden:

1. MSCI World SRI Filtered PAB. Das Kürzel PAB steht für „Paris-Aligned Benchmarks". Dies ist ein in der Finanzindustrie verwendetes Regelwerk für nachhaltige Investments. Es soll gewährleisten, dass die in einem Portfolio enthaltenen Unternehmen die Ziele des Pariser Klimagipfels erfüllen. Danach soll der Anstieg der Erdtemperatur bis Mitte des Jahrhunderts möglichst auf 1,5 Grad gegenüber dem Niveau vor Beginn der Industrialisierung begrenzt werden. Ziel dieses Index ist es, die Emissionen von Kohlendioxid je Unternehmen auf die Hälfte gegenüber den Werten des MSCI World abzusenken. Zudem soll der CO_2-Ausstoß pro Jahr um sieben Prozent reduziert werden. Der MSCI World SRI Filtered PAB beruht auf einer recht strengen Auswahl: Er enthält nur rund 350 der knapp 1500 Unternehmen des MSCI World. Das Fondshaus Amundi bietet einen thesaurierenden ETF auf diesen Index mit der ISIN LU1861134282 an. Die jährlichen Gebühren betragen 0,18 Prozent.

2. **MSCI World SRI S-Series PAB 5 % Capped.** Dieser Index strebt ebenfalls die Erfüllung der Pariser Klimaziele an. Im Unterschied zum erstgenannten Index ist eine Kappung vorgesehen: Kein Titel erhält bei der Indexberechnung ein Gewicht von mehr als fünf Prozent. Hintergrund ist, dass bei nachhaltigen Indizes der im MSCI World ohnehin schon hohe Anteil von IT-Firmen weiter ansteigt: Wenn die Schmutzfinken der Industrie rausfliegen, nimmt das Gewicht der relativ sauberen Informationstechnologien zu. Bei diesem Index ist die Auswahl ebenso streng wie beim MSCI World SRI Filtered PAB: Er umfasst ebenfalls nur rund 350 Titel. Die französische Großbank BNP Paribas bietet einen thesaurierenden ETF mit der ISIN LU1615092217 an. Die Gebühren betragen 0,25 Prozent pro Jahr.

3. **MSCI World SRI Select Reduced Fossil Fuel.** Im Gegensatz zu anderen SRI-Produkten sind hier viele Energieversorger ausgeschlossen, die Kohle- oder Gaskraftwerke betreiben. Der Index enthält rund 410 Positionen des MSCI World; die Auswahl ist also ebenfalls recht streng. BlackRock bietet einen ETF mit zwei Anteilsklassen an. Die ausschüttende Variante hat die ISIN IE00BDZZTM54, die thesaurierende die ISIN IE00BYX2JD69. Mit einem Volumen von acht Milliarden Dollar ist dies der größte in der

Bundesrepublik erhältliche SRI-Indexfonds. Die jährlichen Gebühren betragen 0,20 Prozent.

4. **MSCI World SRI Low Carbon Select 5 % Issuer Capped.** Bei dieser Variante der SRI-Familie besteht das Ziel darin, Unternehmen mit möglichst geringem Kohlendioxidausstoß aufzunehmen. Nähere Angaben macht MSCI leider nicht. Überdies erhält kein Titel ein Gewicht von mehr als fünf Prozent. Der Index enthält ebenfalls etwa 410 Positionen des MSCI World. Die Schweizer Großbank UBS bietet einen ETF mit zwei Anteilsklassen an. Die ausschüttende Variante hat die ISIN LU0629459743, das thesaurierende Gegenstück die ISIN LU0950674332. Die jährlichen Kosten betragen 0,22 Prozent.

5. **MSCI World SRI Low Carbon Leaders.** Bei der letzten der fünf Hauptvarianten des MSCI World SRI werden ebenfalls besonders niedrige Emissionen von Kohlendioxid angestrebt. Der Index enthält rund 670 Positionen des MSCI World; dies entspricht einem Anteil von 45 Prozent. Die Auswahl ist mithin erheblich weniger streng als bei den anderen Versionen. Die DWS Group bietet einen thesaurierenden Indexfonds mit der ISIN IE00BZ02LR44 und jährlichen Gebühren von 0,20 Prozent an.

Welcher dieser Indizes ist für ein verantwortungsvolles Investment zu empfehlen? Zwingende Kriterien gibt es naturgemäß nicht, erst recht kein wissenschaftlich fundiertes Auswahlverfahren. Die Anleger können sich nur an groben Richtlinien orientieren. Dies ist zum einen die Zahl der Positionen, die ein SRI-Index enthält. Je strikter die ökologischen, sozialen und ethischen Auswahlkriterien sind, desto weniger Unternehmen bestehen im Allgemeinen die Tests. Gemessen an dieser Daumenregel stechen zwei Varianten hervor: Sowohl der MSCI World SRI Filtered PAB als auch sein Cousin MSCI World SRI S-Series PAB 5 % Capped enthalten lediglich rund 350 Titel. Dies ist weniger als ein Viertel der Unternehmen, die vom Basisindex MSCI World abgebildet werden. Da darf angenommen werden, dass die übelsten Verursacher von Plastikmüll, Abwasser und Treibhausgasen ausgesondert wurden.

Tabelle 5.2 Erheblich strenger als das ESG-Konzept
Thesaurierende Indexfonds auf den MSCI World SRI

Anbieter	ISIN	Anzahl der Positionen	Anteil emissionsintensiver Branchen*
Amundi	LU1861134282	350	7,5 Prozent
BNP Paribas	LU1615092217	350	8,4 Prozent
BlackRock	IE00BYX2JD69	410	9,2 Prozent
UBS	LU0950674332	410	6,7 Prozent
DWS Group	IE00BZ02LR44	670	4,6 Prozent

*Grundstoffindustrien, Energie und Versorgungsunternehmen
Quelle: Zusammengestellt nach Angaben von MSCI   Stand: 31. Dezember 2023

Das Gegenbeispiel ist der MSCI World SRI Low Carbon Leaders. Trotz seiner vollmundigen Bezeichnung umfasst er mit rund 670 Positionen eine erstaunlich breite Auswahl und damit fast doppelt so viele Firmen wie die beiden ersten Indizes. Mit anderen Worten: Dieses Börsenbarometer enthält mehr als 300 Unternehmen, die keine Chance hätten, in die beiden SRI-Indizes aufgenommen werden, die sich an den Pariser Klimazielen ausrichten. Der Index dürfte mithin kaum geeignet sein für nachhaltiges Investieren.

Als ein zweites Auswahlkriterium kann der Anteil emissionsintensiver Industriezweige an den einzelnen Indexvarianten gewählt werden. Für den Ausstoß von menschengemachten Treibhausgasen sind vor allem drei große Branchen verantwortlich. Dies ist zum einen die Produktion von industriellen Grundstoffen wie Zement, Stahl, Aluminium, Papier und petrochemischen Basisprodukten. Ferner gehört dazu der Sektor Energie, der vor allem aus der Öl- und Gasindustrie besteht. Drittens zählen die Versorgungsunternehmen zu jenen Branchen, die Klima und Umwelt besonders stark mit der Emission von Schadstoffen belasten. Dazu gehören überwiegend Stromversorger, die oft noch viele Kohle- und Gaskraftwerke betreiben.

Bei diesem zweiten Kriterium schneidet der Indexfonds von DWS am besten ab: Der Anteil emissionsintensiver Branchen ist hier erheblich geringer als bei den anderen SRI-Indexfonds. Doch das gute Ergebnis dürfte kein Grund sein, in diesen ETF zu investieren. Denn Nachhaltigkeit besteht nicht nur aus der Reduzierung von Treibhausgasen, sondern umfasst viele weitere ökologische, aber auch soziale und ethische Kriterien. Hierbei liegt der ETF der DWS Group, gemessen an der übergroßen Zahl von Titeln, aber weit hinter den anderen SRI-Produkten. Die gegenläufigen Ergebnisse zeigen abermals, dass die Nachhaltigkeit von Investments häufig schwer zu beurteilen ist.

Werden die beiden skizzierten Auswahlkriterien zusammen betrachtet, dann schneidet der ETF der Pariser Investmentgesellschaft Amundi am besten ab. Er gehört zu den beiden Indexfonds mit der schärfsten Auswahl der einzelnen Aktien. Zugleich ist der Anteil emissionsintensiver Branchen geringer als beim ETF der französischen Großbank BNP Paribas, der mit knappem Abstand auf Platz zwei landet. Der SRI-Fonds der Züricher Bank UBS enthält rund 60 mehr Titel als der ETF von Amundi. Der Anteil von Klimakillern im Unternehmensportfolio ist aber offenbar geringer, was für einen dritten Platz reichen dürfte. Hingegen fällt der ETF von BlackRock bei beiden Kriterien deutlich zurück: Die Zahl der Positionen ist erheblich größer als beim Sieger Amundi und er hat den höchsten Anteil an emissionsintensiven Industriezweigen.

Auch nachhaltige Anleger dürfen auf die Gewinne schauen, die sie mit ihren Investments erzielen. Hier sieht es beim MSCI World SRI durchweg gut aus. Alle fünf betrachteten Indexvarianten lieferten in den vergangenen Jahren bessere Erträge als der MSCI World. Allerdings war das Plus im Allgemeinen nicht allzu groß und betrug meist rund einen Prozentpunkt. Wer sich für einen ETF auf einen der verschiedenen Varianten des MSCI World SRI entscheidet, muss also nicht auf ordentliche Erträge verzichten.

5.4 Ist Impact Investing die bessere Alternative?

Das SRI-Konzept hat das grundsätzliche Problem, dass das Auswahlverfahren intransparent ist. Ob ein Index wirklich nachhaltig ist, hängt aber entscheidend davon ab, wie gut die Auswahlkriterien und -methoden sind. Nach dem Ausschluss kontroverser Produkte und Technologien folgt bei den SRI-Indizes zwar ein ESG-Screening – doch wie genau läuft dieses Verfahren ab? Worin bestehen die Auswahlkriterien? Werden alle drei Dimensionen des ESG-Universums gleichermaßen abgedeckt? Spielen also soziale Standards (S) und die gute Unternehmensführung (G) eine ebenso große Rolle wie der Klima- und Umweltschutz (E)? Auf welche Weise wird aus den einzelnen Bewertungen eine Gesamtnote ermittelt? Wie werden hierbei die verschiedenen Kriterien gewichtet?

Zu all diesen Fragen sind von MSCI keine detaillierten Antworten zu bekommen. Die Einzelheiten des ESG-Screenings sind offenbar ein Betriebsgeheimnis. Klar ist nur eins: Der Finanzdienstleister führt die Bewertungen selbst durch: MSCI ist auch als sogenannte ESG-Ratingagentur aktiv. Das sind Dienstleister, die auf kommerzieller Basis die Nachhaltigkeit von Unternehmen bewerten. Sie arbeiten ähnlich wie herkömmliche Ratingagenturen, die die Kreditwürdigkeit von Unternehmen ermitteln und in einer Art Schulnoten festhalten. ESG-Ratingagenturen werden meist im Auftrag von Großinvestoren und Kreditinstituten aktiv, die Interesse an einer umfassenden Nachhaltigkeitsbewertung der Unternehmen haben, denen sie ihr Geld anvertrauen.

Die Methoden, die die Agenturen anwenden, sind allerdings im Einzelnen nicht genau bekannt; MSCI bildet da keine Ausnahme. Jede Agentur hat ihre eigenen Verfahren und setzt wie die Anbieter unterschiedliche Schwerpunkte. Bei der deutschen Ratingagentur ISS ESG steht der Klima-

und Umweltschutz im Mittelpunkt. Manche amerikanischen Konkurrenten rücken die gute Unternehmensführung in den Vordergrund. Wenn verschiedene Agenturen dieselbe Firma auf den Prüfstand stellen, können die Ratings also recht unterschiedlich ausfallen. Aus all diesen Gründen sind die ESG-Agenturen in der Europäischen Union künftig einer strengen Regulierung unterworfen. Im Februar 2024 haben sich das EU-Parlament und der Europäische Rat grundsätzlich auf den Entwurf einer Verordnung geeinigt, deren einzelne Bestimmungen aber zunächst nicht bekannt wurden. Es ist derzeit noch nicht abzusehen, welche Auswirkungen das neue Regelwerk auf die Tätigkeit von MSCI haben wird.

ExxonMobil fördert weiterhin Öl und Erdgas

Schließlich gibt es ein weiteres Argument gegen ein Investment in der SRI-Welt: Auch die strengste Auswahl der Unternehmen kann nicht verhindern, dass die Firmen, die aus dem Basisindex entfernt wurden, weiterhin produzieren und Treibhausgase freisetzen. Im MSCI World zählt etwa ExxonMobil zu den größten Positionen; im MSCI World SRI Select Reduced Fossil Fuel ist der Ölmulti hingegen nicht enthalten – aber dadurch wird kein einziges seiner Bohrlöcher oder Tankstellen stillgelegt. Ein Anleger, der einen ETF auf diesen sauberen Index kauft, kann damit sein Gewissen entlasten. Dem Klima wird damit jedoch nicht geholfen.

Ganz anders sähe es aus, wenn der Anleger in Unternehmen investiert, die mit ihren Produkten und Technologien aktiv die ökologische Transformation unterstützen.

Die Aufheizung der Erdatmosphäre lässt sich nur bremsen, wenn die Kohle- und Gaskraftwerke stillgelegt und durch Windkraft- und Solaranlagen ersetzt werden. Bei den Anbietern dieser Technologien handelt es sich allerdings in der Regel um spezialisierte, verhältnismäßig kleine Unternehmen. Häufig reicht der Börsenwert nicht aus, um in einen großen Aktienindex wie den MSCI World oder dessen Ökovarianten aufgenommen zu werden. Windkraft- und Solaraktien werden zumeist in den Indizes für Nebenwerte wie zum Beispiel dem deutschen M-Dax notiert.

Der Ansatz, dem die SRI-Indizes folgen, hat klare Grenzen: Die Auswahl der Aktien ist ausschließlich negativ. Es findet keine positive Selektion von Unternehmen statt, die besonders viel tun, um den Klimawandel aufzuhalten. Wer solche Firmen unterstützen möchte, muss eine andere Strategie wählen, das sogenannte Impact Investing. Hierbei investieren die Anleger in einen Indexfonds, der gezielt ein bestimmtes ökologisches Thema abbildet, etwa die erneuerbaren Energien, die Elektromobilität oder die Wasserstoffwirtschaft.

Doch worin besteht der Impact, also die Wirkung? Die Anleger investieren ihr Geld ja in einen Fonds und nicht unmittelbar in die Unternehmen. Sie können also nicht direkt Einfluss auf die Strategie und die Geschäftspolitik der Firmen nehmen.

Doch die Fondsgesellschaft, die den ETF aufgelegt hat, erwirbt mit den zugeflossenen Mitteln weitere Aktien der Unternehmen, die in diesem Indexfonds abgebildet sind. Der Zukauf treibt wiederum die Aktienkurse an. Je höher der Börsenwert aber ist, desto bessere Möglichkeiten hat ein Unternehmen, sich mit der Ausgabe junger Aktien zu finanzieren. Dann ist die Wahrscheinlichkeit groß, dass die Investoren die neuen Wertpapiere zu guten Preisen kaufen. Ein expandierendes Unternehmen muss sich regelmäßig frisches Kapital besorgen, um neue Fabriken zu bauen, neue Absatzmärkte zu erschließen und neue, bessere Produkte zu entwickeln. Gerne finanzieren die Banken solche Projekte. Doch sie tun dies nur, wenn der Kreditnehmer über ein ausreichendes Eigenkapital verfügt. Sind nicht genügend haftende Eigenmittel vorhanden, halten die Banken die Risiken für zu groß. Eine Anlegerin, die in einen Indexfonds für erneuerbare Energien investiert, unterstützt mit ihrem Scherflein also letzten Endes durchaus das Wachstum von Windkraft- und Solarunternehmen. Allerdings ist auch diese Strategie der nachhaltigen Vermögensanlage keineswegs unproblematisch, wie auf den folgenden Seiten gezeigt wird.

5.5 Erneuerbare Energien

Je mehr Windräder sich drehen, desto weniger Kohlendioxid entweicht aus den Schloten von Kohle- und Gaskraftwerken. Jedes neue Fotovoltaik-Kraftwerk kann Tausende von Wohnungen, Bürogebäuden und Elektroautos mit klimaneutralem Strom versorgen. Anleger, die einen Indexfonds auf saubere Energien kaufen, tragen dazu bei, die ökologische Transformation der Wirtschaft zu beschleunigen. Das ist allerdings leichter gesagt als getan. Hierzulande werden gut 20 Indexfonds angeboten, die den Anlegern einen Zugang zu erneuerbaren, klimafreundlichen Energien verheißen. Der größte ETF hat ein Volumen von vier Milliarden Euro, der kleinste kommt nur auf eine Million. Manche Indexfonds bilden das gesamte Spektrum der alternativen Energien ab, andere fokussieren sich auf Bioenergie, Fotovoltaik oder Windkraft. Nahezu jeder ETF bezieht sich auf einen anderen Referenzindex. Wer soll in dieser verwirrenden Fülle das richtige Produkt finden?

Das Angebot schrumpft drastisch, wenn zwei simple Auswahlkriterien angewandt werden. Zum einen werden alle Produkte aussortiert, die jeweils nur eine einzige Technologie nachzeichnen, also zum Beispiel Bioenergie, Fotovoltaik oder Windkraft. Eine solche Spezialisierung widerspricht der Idee von Indexfonds, deren Ziel ja gerade darin besteht, Investments möglichst breit zu streuen. Wie wichtig dies ist, zeigt die Tatsache, dass die erneuerbaren Energien an der Börse in den vergangenen Jahren eine sehr unterschiedliche Performance zeigten: Mit Bioenergie ließen sich fantastische Gewinne erzielen; bei Fotovoltaik und Windkraft erlitten die Anleger hingegen zum Teil kräftige Verluste. Zweitens sollten die Investments auf Indexfonds konzentriert werden, die eine gewisse Größe haben. Bei kleineren ETFs besteht die Gefahr, dass sie à la longue geschlossen werden, weil sie aufgrund der geringen Gebühreneinnahmen nicht wirtschaftlich betrieben werden können. Wenn diese beiden Kriterien angewandt werden, sinkt die Zahl der ETFs auf drei. Diese Indexfonds werden im Folgenden im Detail erläutert.

Der mit Abstand beliebteste Index für erneuerbare Energien ist hierzulande der S&P Global Clean Energy, der in der EU Investments von mehr als fünf Milliarden Euro mobilisiert hat. Er umfasst 100 Unternehmen aus Industrie- und Schwellenländern; die Anzahl ist groß genug, um eine breite Streuung der Investments zu gewährleisten. Zudem investiert der Indexfonds nicht nur in die Lieferanten der Technologien, sondern auch in die Betreiber von Fotovoltaik-Kraftwerken, Windparks und Wasserkraftwerken. Dies garantiert eine relativ stabile Wertentwicklung. Den weitaus größten ETF auf diesen Index hat der New Yorker Asset-Manager BlackRock aufgelegt. Der iShares Global Clean Energy hat ein Volumen von rund vier Milliarden Dollar und wird in zwei Anteilsklassen angeboten. Die wesentlich größere ausschüttende Variante hat die ISIN IE00B1XNHC34. Unter der ISIN IE000U58J0M1 bietet BlackRock außerdem eine kleine thesaurierende Anteilsklasse an. Bei beiden Versionen verlangt der Asset-Manager hohe Verwaltungskosten von 0,65 Prozent pro Jahr. Bekommt der Anleger für die gesalzenen Gebühren eine entsprechende Gegenleistung? Auf den ersten Blick sieht dies so aus.

Unter den zehn Spitzenpositionen des Indexfonds befinden sich einige Glanzlichter der klimaneutralen Energien. Die schwerste Aktie ist First Solar mit einem Anteil von mehr als acht Prozent an der gesamten Marktkapitalisierung. Das amerikanische Unternehmen zählt zu den weltweit größten Lieferanten von Solarmodulen. In der Regel basieren solche Produkte auf der Verwendung des Halbleiters Silizium. First Solar hat sich jedoch für die chemische Verbindung Cadmiumtellurid entschieden, die erheblicher billiger ist. Dank dieses Kostenvorteils gelingt es dem Unternehmen, sich gegenüber den chinesischen Anbietern zu behaupten, die mit Kampfpreisen die meisten westlichen Konkurrenten vom Markt gefegt haben, darunter deutsche Anbieter wie Q-Cells, Solon und SolarWorld. Zu den zehn größten Positionen des iShares Global Clean Energy gehören gleichfalls die amerikanische Firma Enphase und das israelische Unternehmen SolarEdge. Sie haben sich beide auf intelligente Technologien konzentriert, mit denen die Stromausbeute von Fotovoltaik-Anlagen erhöht werden kann. SolarEdge bietet zum Beispiel webbasierte Lösungen an, um den Betrieb von Solaranlagen fortlaufend zu überwachen. Auf diese Weise lassen sich Störfehler und drohende Betriebsunterbrechungen frühzeitig erkennen und beheben.

Die Windenergie ist im iShares Global Clean Energy unter anderem mit zwei dänischen Spitzenunternehmen vertreten: Vestas gehört zu den weltweit größten Lieferanten von Windturbinen. Oersted gilt als einer der bedeutendsten Betreiber von Offshore-Windparks. Das Unternehmen ging aus der Ölgesellschaft Dong hervor; diese hat jedoch mittlerweile alle Aktivitäten in der Öl- und Gasförderung abgestoßen. Um den Wechsel vom Klimakiller zum Klimaretter zu betonen, hat die Firma ihren alten Namen abgelegt; sie benennt sich heute nach dem dänischen Physiker Hans Christian Oersted (1777 bis 1851).

Energieversorger sollen den Index stabilisieren

Ein überraschend großer Teil des iShares Global Clean Energy besteht aus Energieversorgern, die nahezu die Hälfte der gesamten Marktkapitalisierung ausmachen. Natürlich gehören in einen Index auf erneuerbare Energien nicht nur die Anbieter von Solar- und Windkrafttechnologien, sondern auch deren Anwender. Doch der hohe Anteil der Energieversorger dürfte Gründe haben, die wenig mit Klimaschutz zu tun haben, sondern eher ökonomischer Natur sind: Die Geschäfte von Versorgungsunternehmen sind sehr stabil – auch in einer wirtschaftlichen Krise lässt die Nachfrage nach Strom kaum nach. Die Umsätze, Gewinne und nicht zuletzt Aktienkurse dieser Firmen unterliegen daher verhältnismäßig geringen Schwankungen. Hingegen gehören die Lieferanten von Windrädern und Solaranlagen zur Investitionsgüterindustrie, die stark vom Auf und Ab der Konjunktur abhängig ist. Dies spiegelt sich in einer großen Schwankungsbreite der Börsenkurse wider.

Der hohe Anteil von Energieversorgern soll offenbar dafür sorgen, dass der S&P Global Clean Energy eine möglichst stabile Wertentwicklung aufweist und die großen Kursschwankungen bei Unternehmen wie Enphase, SolarEdge oder Vestas aufgefangen werden. Dieses Ziel liegt durchaus im Interesse der Investoren; nicht nur konservative Anleger scheuen unangenehme Überraschungen. Doch es steht in Konflikt mit dem Konzept des Indexfonds, der Investments in saubere Energien abbilden soll. Denn im Gegensatz zum dänischen Windparkbetreiber Oersted produzieren die meisten Energieversorger nicht nur grünen, sondern auch braunen Strom. Unter den größten Positionen des S&P Global Clean Energy befanden sich 2023 gleich mehrere Energiekonzerne, die im Grunde nicht in einen nachhaltigen Indexfonds gehören.

- Der spanische Stromversorger Iberdrola wird zu den größten Betreibern von Windparks in Europa gerechnet; er betreibt überdies viele Wasserkraftwerke. Iberdrola ist aber auch an fünf spanischen Kernkraftwerken beteiligt. Es wurden bislang keine Pläne bekannt, die Atommeiler stillzulegen. Anleger, die in einen internationalen ETF für saubere Energien investieren wollen, sollten sich eines unbedingt klarmachen: In Deutschland ist die Atomkraft zwar hoch umstritten. Doch in den USA und vielen europäischen Ländern gilt sie durchaus als Clean Energy oder Carbon Free Energy. Ein amerikanischer Indexanbieter wie S&P folgt nicht unbedingt deutschen Vorstellungen von Nachhaltigkeit.
- Consolidated Edison gehörte in den USA zu den Pionieren von erneuerbaren Energien. Doch im Oktober 2022 hat der amerikanische Stromversorger das Geschäft mit sauberen Energien überraschend veräußert. Die Sparte Con Edison Clean Energy Businesses wurde für rund sieben Milliarden Dollar vom Essener Energiekonzern RWE übernommen. Dies war dem Indexanbieter offensichtlich zunächst entgangen.
- Chubu Electric Power, einer der größten Stromkonzerne Japans, betreibt zwar eine große Zahl von Wasserkraftwerken. Dies sind jedoch kleine Anlagen mit geringer Leistung. Ende 2021 beliefen sich die Kapazitäten bei den erneuerbaren Energien auf 3300 Megawatt. Zugleich hatten die Gas-, Öl- und Kohlekraftwerke im Portfolio von Chubu eine Leistung von rund 35.000 Megawatt; dies wird aber erst bei einem tiefen Blick in die Zahlenwerke des Unternehmens deutlich. Denn

Chubu hat seine fossilen Elektrizitätswerke komplett in ein Gemeinschaftsunternehmen mit dem japanischen Stromgiganten Tokyo Electric Power ausgelagert. Alles in allem produziert und verkauft der japanische Energieversorger rund zehnmal so viel braunen wie grünen Strom.

- Fragwürdig ist ebenfalls die Aufnahme des Stromversorgers China Yangtze Power. Das chinesische Unternehmen betreibt zwar ausschließlich Wasserkraftwerke, die sich größtenteils am Jangtsekiang befinden, doch die größte dieser Anlagen ist in ökologischer Hinsicht hoch umstritten: Es handelt sich um das Wasserkraftwerk am gigantischen Drei-Schluchten-Damm in der Provinz Hubei. Mit einer Kapazität von rund 20.000 Megawatt gilt die Anlage als größte Stromfabrik der Erde. Der 660 Kilometer lange Stausee, der sich hinter der Talsperre gebildet hat, gefährdet den Bestand zahlreicher Pflanzen- und Tierarten. Überdies mussten unzählige Menschen umgesiedelt werden, deren Häuser und Bauernhöfe von den Fluten verschlungen wurden.

Silizium aus Arbeitslagern

Wie China Yangtze Power kommen rund 30 weitere Firmen, die im iShares Global Clean Energy enthalten sind, aus der Volksrepublik. Es handelt sich großenteils um Hersteller von Solarzellen und -modulen. Das Ausgangsmaterial dieser Produkte besteht aus hochreinem, in Blöcke gegossenem Silizium. Diese sogenannten Ingots werden in China offenbar überwiegend in Arbeitslagern in der Region Xinjiang erzeugt; dort sind zahllose Uiguren ohne jede Rechtsgrundlage inhaftiert. Das hier produzierte Silizium wird an anderen Standorten von kommerziellen Unternehmen zu Solarzellen und -modulen verarbeitet. Fotovoltaik-Anlagen aus China helfen zweifellos, die Aufheizung der Erdatmosphäre zu bremsen. Die Bedingungen, unter denen in der Volksrepublik der Grundstoff Silizium erzeugt wird, stellen allerdings einen klaren Fall von Zwangsarbeit dar.

Mit umfassenden Regelwerken wollen die EU und Deutschland gegen Zwangsarbeit und andere Fälle von Menschenrechtsverletzungen vorgehen. Unternehmen, die Produkte aus China und anderen autoritären Staaten importieren, müssen in Zukunft sorgfältig kontrollieren, ob ihre Lieferanten die Menschenrechte und das geltende Arbeitsrecht beachten. Manche Firmen achten bereits jetzt darauf, dass sie nicht unversehens grobe Verstöße gegen die Menschenrechte unterstützen. So importiert die bayerische Firma Wacker Chemie grundsätzlich kein Silizium mehr aus China, da dieser Werkstoff mit großer Wahrscheinlichkeit in einem Arbeitslager erzeugt wurde. Wenn Unternehmen dies tun, dann sollten verantwortungsvolle Anleger erst recht so handeln und sich fragen, ob ein Investment in den ETF iShares Global Clean Energy von BlackRock in Einklang mit ihren ethischen Prinzipien steht.

Ein grundsätzliches Dilemma nachhaltiger Investments
Ein weiterer Index, der saubere Energien abbildet, trägt den Tatzelwurm-Namen **MSCI ACWI IMI New Energy ESG Filtered**. In Deutschland ist lediglich ein ETF auf

diesen Index zum Handel zugelassen, der Amundi MSCI New Energy ESG Screened mit der ISIN FR0010524777. Die Kosten belaufen sich auf 0,60 Prozent pro Jahr. Der ausschüttende Indexfonds, der mehr als 100 Unternehmen aus zwei Dutzend Ländern umfasst, hat einen leicht anderen Branchenmix als der ETF von BlackRock: Neben alternativen Energiequellen bilden intelligente Stromnetze („Smart Grids") sowie Stromspeichertechnologien weitere Schwerpunkte. Im Kerngebiet erneuerbare Energien sind die beiden Produkte allerdings weitgehend deckungsgleich. Wie bei BlackRock finden sich im Amundi-Fonds unter den Top Ten die amerikanischen Fotovoltaik-Spezialisten First Solar und Enphase sowie die dänischen Windkraftunternehmen Vestas und Oersted. Das Arbeitsgebiet Smart Grids wird vertreten durch den französischen Elektrokonzern Schneider. Dessen digital gesteuerte Systeme für Energiemanagement helfen, Verbrauch und Produktion von Elektrizität auszutarieren, sodass keine unnötigen Kapazitäten vorgehalten werden müssen. An innovativen Lösungen für Stromspeicherung arbeiten die beiden koreanischen Firmen LG Energy Solutions und Samsung SDI; sie zählen zu den größten Batterieherstellern der Erde.

In die Kategorie Batterietechnologien fällt auch das amerikanische Chemieunternehmen Albemarle, ein weltweit führender Produzent des Akkurohstoffs Lithium. Neben einer Produktionsstätte in Nevada betreibt Albemarle ein Werk in der chilenischen Atacama-Wüste, wo sich eines der weltweit größten Lithiumvorkommen befindet. Bei der Förderung dieses Rohstoffs werden große Mengen Frischwasser eingesetzt – das in einer Wüste natürlich sehr knapp ist. Die in der Region ansässigen Bauern klagen, dass die Lithiumproduzenten ihnen buchstäblich das Wasser abgraben. Die Unternehmen bestreiten die Vorwürfe. Inwiefern Albemarle für den Wassernotstand in der Atacama-Wüste verantwortlich ist, lässt sich aus der Ferne kaum beurteilen.

Das Beispiel Lithium offenbart ein grundsätzliches Dilemma nachhaltiger Investments: Ohne dieses Mineral wird der Übergang zur grünen Mobilität kaum gelingen. Auf der anderen Seite müssen die Interessen der Landwirte in den Fördergebieten respektiert werden, denen der Wasserraub der Lithiumproduzenten die Existenzgrundlage entzieht. Wissenschaft und Industrie arbeiten mit Hochdruck an technologischen Alternativen zu den heute üblichen Lithium-Ionen-Zellen. Doch ob und wann der Durchbruch gelingt, ist derzeit ungewiss. Mithin benötigen die Industrieländer für den Kampf gegen den Klimawandel vermutlich bis auf Weiteres in großen Mengen Lithium, das großenteils unter prekären ökologischen und sozialen Bedingungen gefördert wird.

Neben dem Chemieunternehmen Albemarle geben die beiden kalifornischen Energieversorger Edison International und Pacific Gas & Electric (PG&E) ebenfalls Anlass zu erheblichen Zweifeln an dem Amundi-ETF für saubere Energien. Die Unternehmen, die Ende 2023 zu den größten Positionen des Indexfonds gehörten, gewinnen zwar rund die Hälfte ihres Stroms aus erneuerbaren Quellen. Bei Edison stehen Geothermie und Windenergie im Vordergrund; PG&E betreibt eines der größten Netze von Wasserkraftwerken in den USA. Doch nach wie vor entfällt bei den Energieversorgern jeweils mehr als ein Drittel der Umsätze auf Strom aus fossilen Wärmekraftwerken. Zugleich sind beide Unternehmen in der Nuklearenergie engagiert. PG&E betreibt ein großes Atomkraftwerk in einer erdbebengefährdeten Region Kaliforniens. Überdies entfällt auf China mit seiner problematischen Solarindustrie ein Anteil von sechs Prozent.

Einen weiteren Index auf erneuerbare Energien führt die Frankfurter Firma Solactive unter der Bezeichnung **Solactive Clean Energy**. Der britische Finanzkonzern Legal & General brachte im Herbst 2020 den Indexfonds L&G Clean Energy heraus, der diesen Index nachbildet. Der ETF hat die ISIN IE00BK5BCH80 und ist thesaurierend. Die Gebühren betragen 0,49 Prozent im Jahr. Die zehn größten Positionen des ETF bestehen weitgehend aus unbekannten Firmen, bei denen sich zum Teil schwer feststellen lässt, womit sie sich beschäftigen – offenbar gehören die sauberen Energien nicht immer zu den Kerngeschäften der Portfolio-Unternehmen. Überdies besteht der Index lediglich aus rund 40 Positionen, eine zu schmale Basis für eine Diversifizierung. Schließlich ist die finanzielle Performance miserabel. Der ETF, der im November 2020 aufgelegt wurde, erlitt in den folgenden drei Jahren einen kumulierten Wertverlust von rund acht Prozent. Es gibt also keinen einzigen Grund, diesen ETF zu kaufen.

5.6 Wasserstoffwirtschaft

Wer in nachhaltige Technologien und Branchen investiert, läuft mitunter Gefahr, Opfer eines Hypes zu werden. Ein drastisches Beispiel ist die Wasserstoffwirtschaft, die Ende der 2010er-Jahre die Fantasie der Börsianer zu erhitzen begann. Die Aktienkurse von Unternehmen, die mit grünem Wasserstoff in Verbindung gebracht wurden, schossen urplötzlich in die Höhe. Die Finanzindustrie witterte ein lukratives Geschäft. Hurtig wurden neue Börsenindizes gebastelt, die die kommende Wasserstoffwirtschaft abbilden sollten. Binnen weniger Jahre kamen in Deutschland sieben Indexfonds auf den Markt, die den Anlegern hohe Gewinne mit Investments in Wasserstoffwerte versprachen. Unter den Emittenten befanden sich der amerikanische Asset-Manager VanEck, der britische Versicherungskonzern Legal & General und die französische Großbank BNP Paribas.

Allerdings kamen die Fondsanbieter mit ihren neuen Hydrogenprodukten meist ausgerechnet zu einem Zeitpunkt auf den Markt, als die Wasserstoffeuphorie bereits ihren Gipfel erreicht hatte. Kurz danach begann die Blase zu platzen. Praktisch keinem der Wasserstofffonds gelang es, bis Ende 2023 anhaltend Gewinne für die Anleger zu erwirtschaften. Im Gegenteil vernichteten sie nahezu alle einen Gutteil des eingesetzten Kapitals. Der ETF von VanEck mit der ISIN IE00BMDH1538, der im März 2021 auf den Markt kam, büßte bis Ende 2023 exakt ein Drittel des ursprünglichen Wertes ein. Noch größer waren die Verluste beim Hydrogenfonds von Legal & General (ISIN: IE00BMYDM794), der im Februar 2021 aufgelegt wurde. Eine Anlegerin, die damals diesen ETF gekauft hatte, war bis Ende 2023 mehr als die Hälfte des investierten Geldes los. Der Wasserstofffonds von BNP Paribas (ISIN: LU2365458145) wurde erst Anfang 2022 aufgelegt, als die Kurse von Wasserstoffaktien bereits massiv gesunken waren. Dennoch verzeichnete dieser ETF bis Oktober 2023 ein Minus von rund 19 Prozent.

Das Debakel war vorhersehbar

Die Anleger hätten allerdings wissen können, dass sie in eine Falle laufen würden. Denn eine Wasserstoffwirtschaft gab es praktisch noch gar nicht, als die Fonds aufgelegt wurden – weder 2021 noch 2022. In der Tat wird Wasserstoff voraussichtlich eine Schlüsselrolle bei der Energiewende spielen. Es gibt eine Fülle von Möglichkeiten, mit klimafreundlich erzeugtem Wasserstoff die ökologische Transformation zu unterstützen. Welche Anwendungen aber tatsächlich realisiert werden, ist derzeit überhaupt noch nicht abzusehen. So könnte der Energieträger Wasserstoff zum Beispiel in die öffentlichen Gasnetze eingespeist werden; auf diese Weise ließe sich das für viel Geld importierte Erdgas wenigstens zu einem Teil ersetzen. Allerdings ist Wasserstoff ein sehr aggressives chemisches Element: Er greift die Stahlwandungen der Gasleitungen an. Nur Pipelines, die aus bestimmten Stahllegierungen bestehen, sind vor Korrosion durch Wasserstoff geschützt.

Auch in der Stahlindustrie bestehen verheißungsvolle Möglichkeiten. Um Eisenerz aufzuschmelzen, wird bislang Koks verwendet – mit fatalen Konsequenzen für das Erdklima: Hochöfen zählen zu den übelsten Verursachern von Kohlendioxidemissionen. Der Ausstoß würde auf den Grenzwert null sinken, wenn Stahl unter Einsatz von klimaneutral erzeugtem Wasserstoff produziert würde. Freilich ist die Umstellung sehr teuer. Die deutschen Stahlhersteller verlangen daher staatliche Subventionen in vielfacher Milliardenhöhe. Seit einem Vierteljahrhundert laboriert die Autoindustrie an neuen Antrieben aus Brennstoffzellen, deren Treibstoff aus Wasserstoff und Sauerstoff besteht. Mehrere große Hersteller brachten in den vergangenen Jahren in kleinen Serien Pkws mit Brennstoffzellenantrieb auf den Markt. Angesichts der vielen noch ungelösten Probleme haben sich fast alle dieser Unternehmen mittlerweile wieder aus dieser Technologie verabschiedet.

Die meisten Firmen haben nur einen schwachen Bezug zu grünem Wasserstoff

Experten streiten noch, welche Anwendungen der Wasserstofftechnologie sinnvoll sind und welche nicht. Doch die Fondsindustrie weiß bereits ganz genau, welche Branchen und Unternehmen von der künftigen Hydrogenökonomie profitieren werden. Der Kreis der potenziellen Nutznießer wird in der Regel sehr großzügig definiert. Viele Firmen in den Portfolios haben mit Wasserstoff allenfalls am Rande zu tun. Dies zeigt ein Blick in das Inventar des L&G Hydrogen Economy, des mit Abstand größten Wasserstoff-ETF, der in Deutschland angeboten wird. Die Unternehmen, die darin enthalten sind, lassen sich im Wesentlichen drei Kategorien zuordnen.

Die größte Gruppe bilden die Anbieter von Industriegasen, zu denen die Firmen Linde aus Irland und Air Liquide aus Frankreich gehören. Diese Unternehmen stellen neben vielen anderen Produkten wie Acetylen oder Helium auch Wasserstoff her, der zum Beispiel an die chemische Industrie geliefert wird. Es handelt sich jedoch zum allergrößten Teil um „grauen" Wasserstoff. Dieser wird produziert, indem Erdgas in seine chemischen Bestandteile aufgespalten wird, zu denen auch Wasserstoff gehört. Hierbei werden jedoch große Mengen Kohlendioxid freigesetzt. Grauer Wasserstoff eignet sich mithin keineswegs dazu, den Klimawandel aufzuhalten, sondern trägt im Gegenteil massiv dazu bei, die Erdatmosphäre aufzuheizen.

Einige Hersteller von Industriegasen haben allerdings Projekte zur Produktion von grünem Wasserstoff angekündigt beziehungsweise bereits gestartet. Hierbei wird Wasser mithilfe von Strom in seine Bestandteile Sauerstoff und Wasserstoff aufgespalten. Nur wenn der eingesetzte Strom ausschließlich aus erneuerbaren Energien stammt, darf von „grünem" Wasserstoff gesprochen werden. Bislang wird dieser klimafreundliche Energieträger allerdings, von einigen wenigen Pilotprojekten abgesehen, noch nicht in großtechnischen Dimensionen produziert. In absehbarer Zeit werden die Hersteller von Industriegasen voraussichtlich nur einen geringen Teil ihrer gesamten Umsätze mit grünem Wasserstoff machen. Es ist daher schwer einzusehen, wieso die Gasproduzenten so prominent im Wasserstoff-ETF von Legal & General vertreten sind.

Die Autoindustrie bildet die zweite Gruppe des L&G Hydrogen Economy. Zu den zehn Spitzenpositionen gehörten im Herbst 2023 der koreanische Hersteller Hyundai und sein japanischer Konkurrent Toyota. Dies sind weltweit die einzigen Autobauer, die 2023 Serienfahrzeuge mit Brennstoffzellenantrieb produzierten. Die Verkaufszahlen sind allerdings angesichts der hohen Preise sehr bescheiden. Für den Toyota Mirai entschieden sich 2021 weltweit gerade einmal 6000 Käufer; neuere Zahlen sind nicht bekannt. Der Verkauf des Hyundai Nexo läuft laut Branchenschätzungen ebenfalls sehr schleppend. Bei beiden asiatischen Autoherstellern entfallen nur einige wenige Promille des gesamten Umsatzes auf Brennstoffzellen-Fahrzeuge. Qualifiziert Hyundai und Toyota dies bereits als Wasserstoffwerte?

Die Chancen von Brennstoffzellen liegen in Marktnischen

Eine weitere Kategorie der Wasserstoffwirtschaft bilden die Hersteller von Brennstoffzellen. Diese Branche ist im L&G Hydrogen Economy zum Beispiel mit Ballard Power Systems vertreten. Die kanadische Firma gilt weltweit als Pionier der Brennstoffzellen-Technologie. Seit den 1990er-Jahren hat Ballard eine Reihe von Kooperationsabkommen mit Autoherstellern wie Ford, Audi und Daimler abgeschlossen, um gemeinsam Fuel Cells für Personenwagen und Nutzfahrzeuge zu entwickeln. Die meisten dieser Projekte wurden jedoch inzwischen beendet, da die Partner aus der Kfz-Industrie das Interesse an der Brennstoffzellen-Technologie verloren haben.

Ballard konzentriert sich jetzt auf Anwendungen in anderen Branchen. Hierzu gehören Fuel Cells für Baumaschinen, Drohnen und Schiffe. Die Produkte des kanadischen Unternehmens werden zudem als Back-up-Systeme in Pflegeheimen und Krankenhäusern eingesetzt, wo sie einspringen, wenn plötzlich der Strom ausfällt. Im Mai 2022 stellten die Deutsche Bahn und Siemens einen neuen Nahverkehrszug vor, der mit Fuel Cells von Ballard ausgerüstet ist. Der Mireo Plus H soll nach einer mehrjährigen Testphase auf Nebenstrecken eingesetzt werden, die die Bahn aufgrund der hohen Kosten nicht elektrifizieren will. Dort könnte der Mireo Plus H Regionalzüge mit Dieselantrieb ersetzen. Wie diese Beispiele zeigen, liegen die Chancen von Brennstoffzellen derzeit vor allem in Marktnischen.

Die ETFs von BNP Paribas und VanEck haben im Wesentlichen die gleiche Branchenstruktur wie das Produkt von Legal & General. Echte Wasserstoffwerte wie Ballard bilden in den Portfolios eine kleine Minderheit. Es dominieren Autohersteller und Chemiekonzerne, bei denen die Geschäfte rund um grünen Wasserstoff lediglich Randaktivitäten sind. Die allermeisten Unternehmen, die in die Hydrogenfonds aufgenommen wurden, produzieren überwiegend noch die angestammten Produkte, die großenteils sehr klimaschädlich sind. Wer einen Wasserstoff-ETF kauft, unterstützt damit nur zum geringsten Teil den Wandel zur klimaneutralen Wirtschaft. Der Löwenanteil der Gelder fließt paradoxerweise in Aktivitäten, die die Aufheizung der Erdatmosphäre fördern.

5.7 Elektromobilität

Die Autoindustrie erlebt derzeit den einschneidendsten Technologiebruch ihrer Geschichte. In der EU dürfen ab 2035 faktisch keine Personenwagen mit Verbrennungsmotor mehr verkauft werden. Bis dahin müssen die Hersteller ihre Flotten weitgehend auf emissionsarme Antriebstechnologien umstellen. Nicht allen Autobauern wird dies gelingen. Bei der Elektromobilität treibt der amerikanische Pionier Tesla die etablierten Hersteller in Scharen vor sich her. Zudem drängen aus China Newcomer wie BYD und NIO auf die globalen Märkte. Sie steuern gezielt die unteren Fahrzeugklassen an, wo sie die alteingesessenen Anbieter mit Kampfpreisen überrollen. Zugleich müssen die Autohersteller eine zweite Herausforderung meistern, nämlich das digital unterstützte Fahren. Das Roboterauto, bei dem kein Mensch mehr am Lenkrad sitzen muss, bleibt zwar vorerst Science-Fiction. Doch bis zum autonomen Fahren gibt es mehrere Zwischenstufen, an denen die Hersteller derzeit mit großem Aufwand arbeiten.

Die Finanzindustrie wäre nicht die Finanzindustrie, wenn sie sich nicht an diesem Wettrennen beteiligen würde. In den vergangenen Jahren kam eine Fülle von Indexfonds auf den Markt, die die doppelte Herausforderung von Elektromobilität und computerassistiertem Autofahren nachzeichnen. Den Anfang machte im Januar 2019 die Frankfurter DWS Group mit dem ETF Xtrackers Future Mobility. Vier Wochen später folgte der New Yorker Asset-Manager BlackRock mit dem Produkt iShares Electric Vehicles and Driving Technology. Im März 2020 kam der Indexfonds Lyxor MSCI Future Mobility ESG Filtered auf den Markt, der heute von der Pariser Fondsgesellschaft Amundi angeboten wird. In der Bundesrepublik sind etwa zehn, zumeist sehr kleine, Indexfonds erhältlich, die die Zukunft des Verkehrs abbilden wollen.

Die Anbieter interpretieren Mobilität allerdings zumeist recht einseitig. Absolut im Vordergrund steht der Straßenverkehr. Die Bahntechnik und der öffentliche Nahverkehr, grundsätzlich klimafreundlicher als das Auto, spielen allenfalls eine Nebenrolle. Die Konzepte der drei größten

Mobilitätsfonds unterscheiden sich allerdings in Details voneinander.

Bei BlackRock steht die traditionelle Autoindustrie im Mittelpunkt: Rund zwei Drittel des Indexfonds entfallen auf Pkw-Hersteller und ihre Zulieferer. Amundi erweitert das Spektrum um Batterielieferanten und Serviceunternehmen wie den Fahrdienst Uber. Der Indexfonds der DWS rückt das computerassistierte Fahren in den Vordergrund. Nur rund 40 Prozent des ETF bestehen aus der Autoindustrie; rund die Hälfte sind Unternehmen der Informations- und Kommunikationstechnologien. Anleger, die sich für diese Fonds interessieren, sollten das Für und Wider sorgfältig prüfen.

Es gibt bisher weltweit nur sehr wenige Hersteller, die ausschließlich Elektroautos produzieren. Neben Tesla sind dies die amerikanischen Start-ups Nikola und Rivian sowie einige chinesische Autobauer. Aus einer Handvoll von Firmen lässt sich aber kein Index basteln. Folglich bestehen insbesondere die Mobilitätsfonds von Amundi und BlackRock weitgehend aus traditionellen Pkw-Herstellern. Diese aber erzielen bislang meist nur den kleinsten Teil ihrer Verkaufserlöse mit Batterieautos; ein sehr großer Anteil wird noch für längere Zeit aus Benzin- und Dieselfahrzeugen bestehen. Auch nach dem Jahr 2035, wenn in der EU nur noch emissionsarme Pkws und Transporter verkauft werden dürfen, werden einige konventionelle Autobauer weiterhin Verbrennermodelle produzieren. Denn in vielen Ländern der Erde wird es voraussichtlich auf Jahrzehnte hinaus keine ausreichend dichte Lade-Infrastruktur geben, damit sich dort die Elektromobilität durchsetzen kann. Mehrere europäische Hersteller wie BMW haben bereits angekündigt, dass sie für diese Märkte auch nach dem Verkaufsstopp in der EU Benzin- und Dieselfahrzeuge produzieren werden. Wer in einen Mobilitätsfonds von Amundi oder BlackRock investiert, hat in seinem Depot auf absehbare Zeit erheblich mehr „braune" als „grüne" Autos.

5.8 Ein ernüchterndes Fazit

„Ist Impact Investing die bessere Alternative?", lautet die Überschrift des Abschnitts 5.4. Diese Frage kann leider nicht bejaht werden. Das zeigt unser Überblick über die wichtigsten Indexfonds, mit denen in die ökologische Transformation der Wirtschaft investiert werden kann. Im Grunde ist keiner der vorgestellten ETFs ideal geeignet für verantwortungsbewusste Investments. Dies gilt insbesondere für den S&P Global Clean Energy Index, das in Deutschland bei Privatanlegern beliebteste Instrument, um in erneuerbare Energien zu investieren. Von den 100 Unternehmen, die dieser Indexfonds abbildet, haben 31 ihren Sitz in China und verarbeiten anscheinend großenteils Silizium, das in Arbeitslagern der Region Xinjiang produziert wird. Auch der ETF auf erneuerbare Energien, den Amundi aufgelegt hat, enthält zahlreiche Solarunternehmen aus China, bei denen ebenfalls solche gravierenden Verstöße gegen die Menschenrechte anzunehmen sind.

Eine andere große Gefahr besteht darin, einem Hype aufzusitzen. Ende der 2010er-Jahre erlebten Wasserstoffaktien an den Börsen einen heftigen Aufschwung. Gleich mehrere große Fondshäuser warfen Indexfonds auf den Markt, die die kommende Wasserstoffwirtschaft abbilden sollten. Nahezu alle Produkte bescherten den Anlegern tiefrote Zahlen. Die Chemieunternehmen, die sich in den Hydrogenindizes finden, produzieren derzeit noch weitgehend ihre angestammten, klimaschädlichen Erzeugnisse. Ähnlich enthalten die ETFs auf Elektromobilität größtenteils konventionelle Autohersteller, die aktuell weit mehr Verbrennermodelle herstellen als Elektrofahrzeuge.

Sind SRI-Indizes am Ende doch die bessere Lösung?

Mittels Indexfonds ist echtes Impact Investing offenbar nur schwer möglich. Welche Alternativen haben die Anleger? Vielleicht ist das Best-in-Class-Konzept am Ende doch der bessere Weg. Diese Investmentstrategie erhebt zwar von vornherein geringere Ansprüche, aber erreicht sie in einem weit besseren Maße, als dies Impact Investing bei seinen ambitionierten Zielen gelingt. Zu empfehlen sind in erster Linie ETFs, die unter der Bezeichnung Socially Responsible Investment (SRI) angeboten werden. Dies sind in erster Linie Produkte aus der Indexfamilie MSCI SRI. Auch die SRI-Indizes, die Qontigo für europäische Aktien anbietet, gehören hierzu. Die ESG-Indizes von MSCI und anderen Finanzdienstleistern müssen hingegen weitgehend als Greenwashing bezeichnet werden. Für die wesentlich anspruchsvolleren SRI-Produkte sprechen vier Argumente, die Anleger prüfen sollten.

- **Keine Investments in autoritäre Staaten.** Die SRI-Indizes beruhen ganz überwiegend auf dem MSCI World, der ausschließlich Unternehmen aus den hoch

entwickelten Industrienationen umfasst. Bei den 23 Ländern, die im Weltindex enthalten sind, handelt es sich um demokratische, freiheitliche und rechtsstaatlich verfasste Staaten, in denen die Menschenrechte geachtet werden. Im Weltindex sind weder China noch andere autoritär regierte Länder enthalten. Anleger müssen kaum befürchten, dass sie Unternehmen unterstützen, die von der Ausbeutung von Kindern oder Arbeitssklaven profitieren.
- **Sorgfältige Auswahl.** Die SRI-Indizes beruhen offenbar auf einer relativ strengen Auswahl nach ökologischen und sozialen Kriterien. Ablesen lässt sich dies an der geringen Zahl der Positionen. Von den rund 1500 Firmen, aus denen der MSCI World besteht, werden in die verschiedenen SRI-Varianten nur 20 bis 45 Prozent übernommen.
- **Breite Diversifizierung.** Selbst bei der striktesten Auswahl bleiben noch 350 Unternehmen übrig. Eine solch große Anzahl gewährleistet, dass die Investments breit gestreut sind. Die USA haben zwar einen sehr großen Anteil von mehr als 60 Prozent, doch dies ist bei fast allen globalen Indizes der Fall. Anleger, denen der Anteil amerikanischer Unternehmen zu hoch ist, können alternativ in eine der europäischen Varianten des MSCI SRI investieren. Sie müssen dann aber womöglich geringere Renditen in Kauf nehmen.
- **Gute Erträge.** Investoren, die sich für ein Impact Investing in die erneuerbaren Energien oder die Wasserstoffwirtschaft entschieden haben, konnten meist nur dürftige Renditen kassieren. Oft erlitten sie heftige

Verluste. Bei der Indexfamilie MSCI SRI ist dies anders. Alle fünf in Abschnitt 5.3 vorgestellten Hauptvarianten lieferten in den vergangenen fünf bis zehn Jahren leicht höhere Renditen als der MSCI World. Allerdings können Anleger, die sich für ein SRI-Produkt entscheiden, nicht nachprüfen, wie nachhaltig die dort enthaltenen Aktiengesellschaften tatsächlich sind. Ein solcher Indexfonds umfasst mehrere Hundert Titel, von denen in der Regel aber nur die zehn größten Positionen in den Factsheets veröffentlicht werden. Die überwiegende Zahl der Unternehmen sind hingegen nicht namentlich bekannt; die Anleger haben also keinerlei Möglichkeit, im Internet zu überprüfen, worum es sich bei den Börsengesellschaften handelt, in die sie ihre Ersparnisse stecken. Sie müssen blind darauf vertrauen, dass der Indexanbieter die richtige Wahl getroffen hat. Überdies hört ein Stahlproduzent, Ölkonzern oder Kraftwerksbetreiber, der nicht in einem solchen Index enthalten ist, ja nicht plötzlich auf, Treibhausgase zu produzieren.

Vorzüge und Nachteile aktiver Ökofonds

Ein kompromissloses Impact Investing ist im Grunde nur mit aktiv verwalteten Ökofonds möglich. Zwar ist auch hier die Gefahr von Greenwashing groß. Doch es gibt grüne Fonds, die einer kritischen Analyse standhalten. Hierzu gehört zum Beispiel der GreenEffects NAI Wertefonds des kleinen irischen Fondshauses GreenEffects. Das Produkt mit der ISIN IE0005895655 orientiert sich weitgehend am Natur-Aktien-Index (NAI), der seit 1997 vom

Hamburger Finanzdienstleister Securvita geführt wird; die Firma ist auf alternative Versicherungskonzepte spezialisiert. Der NAI besteht aus 30 internationalen Unternehmen unterschiedlicher Größen und Branchen, die hohen ökologischen und sozialen Maßstäben genügen sollen. Die Namen dieser Firmen werden von Securvita veröffentlicht. Der umfassende Anforderungskatalog des NAI lässt sich ebenfalls im Internet nachlesen. Der Index bietet also eine vergleichsweise hohe Transparenz.

Ende 2023 bildete der dänische Windkraftspezialist Vestas die größte Position des NAI. Vertreten waren ebenfalls andere prominente Namen der Ökoindustrie wie Tesla, die amerikanische Fotovoltaik-Firma First Solar oder die Nürnberger Umweltbank, die auf die Finanzierung von gewerblichen Solaranlagen und Windparks spezialisiert ist. Der Index enthält aber auch wenig bekannte Unternehmen wie eine Eisenbahngesellschaft aus Japan, eine Firma für Naturkosmetik aus Brasilien, ein Pharmaunternehmen aus Südafrika, die amerikanische Krankenversicherung Molina, die auf alternative Heilverfahren spezialisiert ist, und die norwegische Firma Tomra; Letzere produziert die Pfandflaschenautomaten, die sich in vielen deutschen Supermärkten finden. Ende 2023 war im Natur-Aktien-Index kein einziges Unternehmen aus China zu finden – wer in den GreenEffects NAI Wertefonds investiert, muss also nicht befürchten, dass er womöglich Zwangsarbeit in der Volksrepublik unterstützt.

Für den Zeitraum von Ende 2013 bis Ende 2023 gibt der Anbieter des thesaurierenden Fonds jährliche Renditen von durchschnittlich 10,9 Prozent an. Dies ist für einen europäischen Aktienindex ein sehr guter Wert. Die Indizes der SRI-Familie lieferten in diesen zehn Jahren allerdings leicht höhere Erträge. Von solch geringen Unterschieden sollte eine Anlageentscheidung aber nicht abhängig gemacht werden, zumal es keine Garantie gibt, dass der MSCI World SRI seinen knappen Vorsprung auch in Zukunft bewahren wird.

Stärker ins Gewicht fallen andere Faktoren: Die jährlichen Verwaltungsgebühren betragen beim GreenEffects 0,975 Prozent pro Jahr. Dies ist deutlich mehr, als bei den Indexfonds auf die SRI-Familie fällig werden. Hinzu kommt ein einmaliger Ausgabeaufschlag von vier Prozent, der bei einem ETF in der Regel nicht erhoben wird. Überdies müssen beim Erstinvestment Fondsanteile im Wert von mindestens 5000 Euro gezeichnet werden. Die Untergrenze sinkt bei weiteren Investments auf 2000 Euro. Im Gegensatz zu den gängigen Indexfonds ist der GreenEffects zudem nicht sparplanfähig. Ein Investment in diesen Fonds verursacht also einen höheren Aufwand und ist weniger bequem als zum Beispiel der MSCI World SRI Filtered PAB, der wohl beste nachhaltige Indexfonds, der dem Best-in-Class-Ansatz folgt. Die Anleger müssen entscheiden, ob sie diese Nachteile in Kauf nehmen. Die Welt der Fonds besteht nicht aus Schwarz und Weiß, sondern aus einem breiten Spektrum unterschiedlicher Grauwerte.

Einen wichtigen Punkt sollte jedoch jeder Anleger bedenken: Der GreenEffects wurde von einem kleinen Fondshaus aus Irland aufgelegt. Bei den Anbietern der ETFs, die sich auf die SRI-Indizes von MSCI beziehen, handelt es sich hingegen um gigantische Finanzkonzerne wie den amerikanischen Asset-Manager BlackRock, die Schweizer Großbank UBS und die französische Investmentgesellschaft Amundi. Diese ETF-Anbieter haben in der globalen Wirtschaft eine historisch beispiellose Macht. Sie handeln überdies nicht immer im Interesse ihrer Kunden, insbesondere der Kleinanleger, wie im Schlussteil des Buches gezeigt wird.

Teil VI: Bedenkliche Entwicklungen

6.1 Einleitung und Überblick

Indexfonds sind, wenn sie richtig genutzt werden, unstreitig ein sinnvolles Instrument, mit dem auch ein Laie im Prinzip so erfolgreich an der Börse investieren kann wie ein Profi. Die Gebühren sind meist erheblich geringer als die Kosten für aktiv verwaltete Fonds, die nur in den wenigsten Fällen bessere Erträge liefern. Und private Anleger können damit in Märkte investieren, die ihnen sonst womöglich verschlossen bleiben würden – seien dies ferne Länder, neue Technologien oder nachhaltige Unternehmen. Wenn über Indexfonds gesprochen wird, dann geht es allerdings meist um Renditen, Kosten und Risiken. Nicht gefragt wird, ob die Fondsanbieter sich für die Interessen der Anleger einsetzen. Schauen Sie den Firmen, in die Sie die Kundengelder investieren, genau auf die Finger? Bringen Sie das Management auf Trab, wenn es keine gute Leistung für die Investoren bringt? Fördern die ETF-Anbieter die ökologische Transformation in den Unternehmen? Noch viel weniger wird darüber diskutiert, welche Folgen die Ausbreitung von Indexfonds für den Wettbewerb, den Wohlstand und das Funktionieren unseres Finanzsystems hat. Auf diesen Gebieten gibt es bedenkliche Entwicklungen, die hier skizziert werden sollen.

Die Anbieter von aktiv verwalteten Fonds setzen sich heute im Allgemeinen intensiv für die Interessen der Anleger ein. Ihre Fondsmanager gehen regelmäßig auf die

Hauptversammlungen, analysieren dort im Lichte der TV-Scheinwerfer die Leistungen des Managements und fordern gegebenenfalls Änderungen bei Geschäftsmodell, Strategie und Organisation. Die großen ETF-Anbieter beschränken sich hingegen meist auf das gesetzlich vorgeschriebene Pflichtprogramm und üben lediglich die Stimmrechte aus, die ihnen die Anleger übertragen haben. Der New Yorker Asset-Manager BlackRock könnte angesichts seiner großen Aktienpakete bei vielen Dax-Unternehmen einen Sitz im Aufsichtsrat beanspruchen. Doch dies unterbleibt, da dem Finanzkonzern offenbar der Aufwand zu hoch ist (Abschnitt 6.2).

Die Asset-Manager stellen gerne heraus, dass sie sich in exklusiven Gesprächen mit dem Management der Portfolio-Unternehmen für die Interessen der Anleger einsetzen. Solche Treffen sind allerdings eher die Ausnahme denn die Regel. BlackRock ist weltweit an mehr als 14.000 Aktiengesellschaften beteiligt, doch der Asset-Manager führt nur mit rund 2600 Unternehmen persönliche Gespräche, und dies meist auch nur einmal pro Jahr. Das ist für eine sorgfältige und wirksame Kontrolle der Managementleistung viel zu wenig. Doch BlackRock ist offenbar nicht bereit, die notwendigen Ressourcen zur Verfügung zu stellen. Der New Yorker Finanzkonzern beschäftigt nur rund 70 Experten für die Corporate Governance, also die Überwachung und Steuerung seiner Portfolio-Unternehmen. Bei den anderen großen ETF-Anbietern ist die Bilanz noch dürftiger (Abschnitt 6.3).

Indexfonds, die ökologische, soziale und technologische Themen abbilden, sind die große Wachstumshoffnung der

ETF-Industrie. In diesen Marktnischen, wo der Wettbewerb häufig recht schwach ist, lassen sich höhere Gebühren durchsetzen und größere Gewinne erzielen als in den Massenmärkten mit breiten regionalen Börsenindizes. Unter der Hand hat die Finanzindustrie ein neues Geschäftsmodell entwickelt, das bei Themenfonds weiterhin für schöne Erträge sorgen soll: Wie am Fließband entwickeln manche Finanzdienstleister nach Kundenwünschen maßgeschneiderte Themenindizes, die exklusiv an die Auftraggeber lizenziert werden. Der Wettbewerb wird hierdurch massiv eingeschränkt (Abschnitt 6.4).

Auch in der Realwirtschaft wird die Konkurrenz durch die Ausbreitung von Indexfonds zunehmend behindert. Ein ETF-Anbieter wie BlackRock ist an allen Unternehmen beteiligt, die in einem bestimmten Börsenindex enthalten sind. Darunter fallen auch unmittelbare Konkurrenten. An diesen Firmen sind aber meist auch Vanguard, State Street und andere Asset-Manager beteiligt. Die weitgehend identischen Eigentümer lähmen das Konkurrenzverhalten der Portfolio-Unternehmen (Abschnitt 6.5).

Ein ETF auf den Dax investiert mechanisch in alle Titel, die im Referenzindex enthalten sind. Das Fondsmanagement macht hierbei grundsätzlich keinen Unterschied zwischen unterbewerteten und überbewerteten Aktien, zwischen gut und schlecht geführten Unternehmen, zwischen aufblühenden und absterbenden Branchen. Der Sinn der Börse besteht aber gerade darin, zu differenzieren. Hat ein Vorstand seine Sache nach Ansicht aktiver Investoren gut gemacht, belohnen sie ihn mit steigenden Aktienkursen. Umgekehrt werden schlecht wirtschaftende Unternehmen mit fallenden Börsennotierungen sanktioniert. Dieser Anreizmechanismus wird durch passive Investments gefährdet. Würden alle Aktionäre passiv investieren, wäre ein Börsenhandel weder möglich noch sinnvoll (Abschnitt 6.6).

6.2 Treuhänderische Wahrnehmung der Stimmrechte

Wer Aktien eines Unternehmens wie zum Beispiel Siemens kauft, erwirbt damit zugleich Stimmrechte. Er darf dann an der jährlichen Hauptversammlung (HV) des Münchener Elektrokonzerns teilnehmen, die meist Anfang Februar stattfindet. Jeder Aktionär kann sein Votum zu den Anträgen abgeben, die auf der Tagesordnung stehen. Hierbei gilt in der Regel das Prinzip „Eine Aktie, ein Stimmrecht". Abgestimmt wird zum Beispiel über die Höhe der Dividenden, die an die Anteilseigner ausgeschüttet werden sollen. Häufig sorgt dieser Punkt für hitzige Debatten. Hätten die Aktionäre angesichts der guten Ertragslage nicht eine viel höhere Dividende verdient? Für Gesprächsstoff sorgen häufig ebenfalls die Gehälter und Boni, die die Vorstände kassieren. Ist es wirklich gerechtfertigt, dass die Topmanager Erfolgsprämien in Millionenhöhe kassieren, obschon sie im abgelaufenen Geschäftsjahr nicht gerade eine Spitzenleistung gezeigt haben?

Zuweilen steht auch die Übernahme eines anderen Unternehmens auf der Agenda einer HV. Ein milliardenschwerer Firmenkauf hat meist gravierende Konsequenzen für das Unternehmen. Viele Übernahmen scheitern oder erreichen nicht die verkündeten Ziele. Daher verwundert es wenig, dass eine geplante Akquisition oft ebenfalls heiß umstritten ist. Schließlich steht auf den Aktionärstreffen regelmäßig die Entlastung von Vorständen und Aufsichtsräten auf der Tagesordnung. Hiermit bekunden die Anteilseigner, ob sie mit der Leistung der obersten Führungsgremien im abgelaufenen Geschäftsjahr grundsätzlich zufrieden sind. Eine verweigerte Entlastung hat zwar keine rechtlichen Folgen, doch sie bedeutet eine schallende Ohrfeige. Sollte der Chef von Siemens auf der HV keine Entlastung bekommen, würde dies für Schlagzeilen in den Medien sorgen. Auch die Kleinaktionäre dürfen auf einer HV ans Mikrofon treten, ihre Meinung zu strittigen Punkten äußern und Fragen an den Vorstand richten.

Eine Anlegerin, die einen Fonds oder ETF kauft, kann allerdings die anteilig auf sie entfallenden Stimmrechte im Allgemeinen nicht selbst wahrnehmen. Dies wäre in der Praxis reichlich kompliziert. Ein ETF auf den MSCI World enthält rund 1500 Unternehmen aus 23 Ländern. Zugleich beläuft sich die Anzahl der Anleger auf mehrere Zehntausend oder gar Hunderttausend. Die Stimmrechte auseinander zu dröseln und den einzelnen Fondszeichnern zuzuordnen, wäre allzu aufwendig. Daher hat es sich international eingebürgert, dass die Stimmrechte an die Fonds übergehen, die die Aktien im Namen ihrer Anleger halten. Doch üben die Fondsgesellschaften die Stimmrechte auch wirklich im Interesse ihrer Kunden aus?

Um diese nicht ganz einfache Frage zu beantworten, ist ein kleiner Blick ins Innenleben der großen Asset-Manager erforderlich. Die Vanguard Group hat weltweit mehr als 400 Indexfonds aufgelegt. Bei BlackRock sind es rund 800. Viele dieser ETFs haben gleichzeitig in denselben Firmen investiert. An Siemens sind die BlackRock-ETFs auf den Dax, den Euro Stoxx 50, den MSCI World und viele weitere Indizes beteiligt. Diese Fonds dürfen die Stimmrechte, die sie von den Fondszeichnern übernommen haben, allerdings nicht selbst ausüben. Vielmehr geht dieses Privileg auf die Konzernzentralen von BlackRock und Vanguard über. Mit der Bündelung der Stimmrechte wollen die Fondsriesen verhindern, dass ihr Einfluss auf die Unternehmen zersplittert wird. Womöglich würde das Management des Dax-Fonds auf der HV ganz anders abstimmen als die lieben Kollegen vom Euro Stoxx 50 oder MSCI World.

Die Macht an der Throgmorton Avenue

„Stewardship Teams" heißen die zentralen Stabsabteilungen, mit denen die großen Asset-Manager ihre Firmenimperien möglichst wirksam steuern wollen. Das hat nichts mit den Stewards zu tun, die sich im Flugzeug oder auf einem Kreuzfahrtschiff um die Passagiere kümmern. „Stewardship" bezeichnet im Englischen eine Treuhandschaft. Und genau dies ist die Aufgabe von Stewardship Teams: Sie sollen treuhänderisch die Interessen der Anleger wahrnehmen, die dies nicht selbst können, da sie ihre Stimmrechte ja an die Fonds abgetreten haben. Vanguard hat zwei solcher Teams gebildet. Eines sitzt in London und ist für die europäischen Aktiengesellschaften zuständig, an denen der amerikanische Asset-Manager Beteiligungen hält. Das zweite ist am Firmensitz in Malvern aktiv, einer Kleinstadt im amerikanischen Bundesstaat Pennsylvania. Dieses Team kontrolliert die übrigen rund 15.000 börsennotierten Unternehmen in aller Welt, an denen Vanguard Aktienpakete hält. BlackRock hat drei Stewardship-Teams, die jeweils für Nord- und Südamerika, die Region Asien/Pazifik sowie Europa inklusive der angrenzenden Regionen Naher Osten und Afrika zuständig sind. Das Europa-Team, das unter anderem für die Dax-Beteiligungen von BlackRock verantwortlich ist, sitzt in der Throgmorton Avenue, einer schmalen, dunklen Straße in der City of London, die für den Autoverkehr gesperrt ist.

Wie wirksam vertritt dieses Team die Interessen der zahllosen Anleger, die zum Beispiel einen BlackRock-ETF auf den Dax erstanden haben? Auf der einen Seite übt der Asset-Manager grundsätzlich die Stimmrechte aus, die ihm die Anleger übertragen haben. In vielen Ländern wie etwa den USA und der Bundesrepublik sind Fondsgesellschaften hierzu rechtlich verpflichtet. Laut eigenen Angaben hat BlackRock im Geschäftsjahr 2022/23 weltweit an 18.000 Hauptversammlungen teilgenommen, bei denen über insgesamt mehr als 170.000 Anträge abgestimmt wurde. Andererseits entsendet BlackRock fast nie Fondsmanager zu den Hauptversammlungen, die die Voten persönlich abgeben würden. Aus Kostengründen werden die Stimmrechte meist remote auf elektronischem Wege ausgeübt. Auch die großen ETF-Anbieter Amundi, State Street und Vanguard verzichten weitgehend auf ein persönliches Erscheinen bei den Aktionärstreffen. Diese Unsichtbarkeit verleiht den Finanzkonzernen etwas Unheimliches.

Andere Investmentgesellschaften, die viel kleinere Anteile als Amundi, BlackRock oder State Street halten, schicken hingegen regelmäßig Fondsmanager auf die Hauptversammlungen von Dax-Unternehmen, wo diese gerne die ihnen zustehenden Rederechte nutzen. Besonders aktiv sind Deka und Union Investment, die Fondsgesellschaften der deutschen Sparkassen beziehungsweise Volksbanken. Ingo Speich, Fondsmanager bei Deka Investment, besucht pro Jahr mehr als ein Dutzend Hauptversammlungen von Dax-Unternehmen wie Siemens. Er nutzt die Aktionärstreffen als öffentliche Bühne, auf der der eloquente Fondsmanager Punkt für Punkt die Leistung der Konzernleitung bewertet. Oft lesen sich seine Reden wie eine einzige Philippika. Überdies kündigt Speich öffentlich an, welchen Beschlussvorlagen der Konzernverwaltung sein Arbeitgeber Deka Investment zustimmen wird und welchen nicht. Dies sind aufschlussreiche Informationen, an denen sich Kleinanleger orientieren können.

Widersprüchliches Verhalten beim Klimaschutz

BlackRock gibt hingegen vorab nicht bekannt, wie der Asset-Manager bei strittigen Punkten abstimmen wird. Wer wissen möchte, wie sich der Finanzkonzern entschieden hat, muss sich durch die Unterlagen quälen, die das Unternehmen im Nachhinein veröffentlicht. Hierbei ergeben sich allerdings interessante Erkenntnisse. Dies gilt insbesondere mit Blick auf den Klima- und Umweltschutz, der dem BlackRock-Chef Larry Fink angeblich so sehr am Herzen liegt. Zu Beginn eines jeden neuen Jahres verschickt der CEO Briefe an die Chefs wichtiger Portfolio-Unternehmen, in denen er das Management dazu auffordert, nachhaltige Strategien und Geschäftsmodelle einzuführen. Bei den Hauptversammlungen zeigt sich

BlackRock gegenüber den Unternehmen freilich viel konzilianter, als angesichts der mahnenden Episteln des Firmenchefs zu vermuten wäre. Auf den Aktionärstreffen, an denen BlackRock im Geschäftsjahr 2022/23 teilnahm, standen 247 Anträge zum Klima- und Umweltschutz zur Abstimmung. Hiervon wurden allerdings nur 34 von der Konzernleitung auf die Tagesordnung gesetzt. Der überwiegende Teil, nämlich 213 Vorschläge, stammte von freien Aktionären. Bei den Anträgen, die das Management gestellt hatte, stimmte BlackRock in 30 Fällen mit Ja, nur viermal lehnte der Asset-Manager die Beschlussvorlagen der Unternehmensleitung ab. Genau umgekehrt verhielt sich BlackRock bei den Anträgen der kritischen Aktionäre. Nur in zwölf Fällen stimmte der Finanzkonzern den Vorschlägen zu. In 201 Fällen schlug sich der Asset-Manager hingegen auf die Seite des Managements und stimmte gegen die freien Aktionäre. Offenbar hat die Klimaaktivistin Luisa Neubauer nicht allzu viele Fans bei dem New Yorker Asset-Manager. Aus diesen Angaben, die alle von BlackRock selbst stammen, lernen wir zweierlei: Zum einen ist der Klima- und Umweltschutz auf den Hauptversammlungen dieser Erde immer noch ein Randthema. Zum anderen stimmt der weltgrößte Asset-Manager in mehr als 90 Prozent der Fälle für das Management und nur in 10 Prozent dagegen.

Keine Vertreter in den Aufsichtsräten
Die großen ETF-Anbieter BlackRock, Vanguard und Amundi verzichten nicht nur darauf, den Firmenchefs auf den Hauptversammlungen persönlich die Leviten zu lesen.

Sie nehmen auch die wichtigste Möglichkeit nicht wahr, die Strategie und Geschäftspolitik der Unternehmen zu beeinflussen: Diese Asset-Manager entsenden offenbar grundsätzlich keine Vertreter in die Aufsichtsräte. Die obersten Führungsgremien umfassen bei den großen deutschen Aktiengesellschaften 20 Sitze. Hiervon stehen jeweils zehn den Vertretern der Eigentümer und der Arbeitnehmer zu. BlackRock ist bei vielen Dax-Unternehmen mit einem Anteil von sieben oder acht Prozent beteiligt; beim Triebwerkshersteller MTU kontrolliert der Asset-Manager sogar elf Prozent der Stimmrechte. Einem guten Brauch der deutschen Wirtschaft folgend, könnte der Großaktionär also einen Sitz auf der Kapitalbank der Aufsichtsräte beanspruchen. Doch hierauf verzichtet der New Yorker Vermögensverwalter anscheinend prinzipiell.

Andere Finanzinvestoren bestehen jedoch darauf, dass sie angemessen im Aufsichtsrat vertreten sind. Nachdem die schwedische Private-Equity-Gesellschaft Cevian Capital sich 2013 mit mehr als zehn Prozent am schlingernden Mischkonzern ThyssenKrupp beteiligt hatte, setzte der neue Investor es durch, einen Vertreter in das oberste Führungsgremium zu entsenden. Das war nur konsequent: Cevian ist ein sogenannter aktivistischer Aktionär, der versucht, radikale Änderungen der Strategie und Geschäftspolitik der Portfolio-Unternehmen durchzusetzen. Solche ambitionierten Ziele lassen sich am besten erreichen, wenn der Großaktionär einen Repräsentanten in der Schaltzentrale des Unternehmens hat. Bei ThyssenKrupp strebte Cevian die Aufspaltung in kleinere

Einheiten an, die flexibler am Markt agieren können und auf diese Weise zum Nutzen der Aktionäre höhere Gewinne erwirtschaften. Mit diesem Ziel war der schwedische Großinvestor allerdings nur zum Teil erfolgreich. ThyssenKrupp veräußerte zwar 2020 für 17 Milliarden Euro die profitable Sparte Aufzüge und Fahrtreppen an ein Konsortium aus Finanzinvestoren und der RAG-Stiftung. Der Unternehmensbereich Stahl konnte aber, trotz mehrerer Anläufe, zunächst nicht an einen strategischen Investor veräußert werden.

Ähnlich wie Cevian bei ThyssenKrupp ist der Staatsfonds von Qatar im Aufsichtsrat von Volkswagen vertreten. Zunächst hatte der Großaktionär, der 17 Prozent der Stimmrechte kontrolliert, nur einen einzigen Sitz in dem Gremium. Als 2015 der Dieselskandal ruchbar wurde, setzte der Staatsfonds gegen den Widerstand anderer Hauptaktionäre einen zweiten Sitz im Aufsichtsrat durch. Nachdem bekannt geworden war, dass der Autohersteller offenbar jahrelang systematisch die Abgaswerte bestimmter Modelle manipuliert hatte, sackte der Aktienkurs in die Tiefe. Aufgeschreckt beschlossen die Herrscher des Emirats, ihr Portfolio-Unternehmen künftig etwas genauer zu kontrollieren. Von BlackRock oder anderen ETF-Anbietern ist eine ähnliche Reaktion nicht bekannt. Offenbar hat keiner dieser Großinvestoren jemals einen eigenen Kandidaten für den Aufsichtsrat eines Dax-Unternehmens aufgestellt. Vermutlich ist BlackRock & Co. der Aufwand zu groß. Es geht ja schließlich nicht um das eigene Geld, sondern um das anvertraute Vermögen der Kunden.

6.3 Vertrauliche Gespräche hinter verschlossenen Türen

Die ETF-Anbieter nutzen lieber eine andere Möglichkeit, um Strategie und Geschäftspolitik der Unternehmen zu steuern: Großaktionäre haben in der Bundesrepublik und in vielen anderen Ländern das Recht auf ein exklusives Treffen mit dem Topmanagement. Dort können sie sich Strategie, Geschäftsmodell und finanzielle Lage des Unternehmens erläutern lassen. Allerdings darf das Unternehmen diesen Aktionären keine vertraulichen Informationen geben, die die Börsenkurse beeinflussen könnten, wenn sie bekannt würden. Für diese Gespräche, die im Allgemeinen hinter verschlossenen Türen stattfinden, hat sich eine gewisse Kleiderordnung etabliert. Haben Asset-Manager Fragen zur Unternehmensstrategie, ist in der Regel die oder der Aufsichtsratsvorsitzende der gewünschte Gesprächspartner. Soll ein neuer Vorstandschef ernannt werden, sprechen die Großaktionäre gerne mit dem Vorsitzenden des Nominierungsausschusses im Aufsichtsrat, der sich um die Besetzung vakanter Vorstandsposten kümmert. Bei finanziellen Details muss die Finanzchefin oder der Leiter der Abteilung Investor Relations Rede und Antwort stehen.

Freilich haben Aktionäre kein Direktionsrecht gegenüber dem Aufsichtsrat oder dem Vorstand. Sie dürfen also nicht etwa die Anweisung geben, eine verlustreiche Sparte zu schließen oder in einen neuen, verheißungsvollen Markt zu investieren. Die Großaktionäre können hingegen kritische Fragen stellen und „Anregungen" geben. Finden sie beim Management mit ihren „Empfehlungen" kein Gehör, schließen sie sich oft mit anderen Investoren zusammen, um gemeinsam Druck auszuüben. Wenn fünf Hauptaktionäre nacheinander beim Topmanagement aufkreuzen und die gleichen Forderungen stellen, wird irgendwann auch der halsstarrigste Vorstand einknicken. Solche Aktionen folgen meist einem festen Prozedere, das als „Eskalationsstrategie" bekannt ist. Zunächst werden Gespräche geführt. Fruchten diese nicht, folgt ein gemeinsamer Brief an den Aufsichtsrat oder den Vorstand. Bringt auch dies kein Ergebnis, wenden sich die Investoren an die Presse oder die Öffentlichkeit, um die Daumenschrauben anzuziehen.

Allerdings sind solche Aktionen verhältnismäßig selten. Ein recht spektakulärer Fall ereignete sich 2019. Damals führten die Commerzbank und die Deutsche Bank Gespräche über eine Fusion. Die Pläne wurden von der Bundesregierung unterstützt, die auf diese Weise endlich ihre Beteiligung an der Commerzbank loswerden wollte. Nach dem Ausbruch der Finanzkrise musste der Bund das taumelnde Institut mit frischem Eigenkapital versorgen, um die Commerzbank vor dem Untergang zu retten. BlackRock, sowohl bei der Commerzbank als auch bei der Deutschen Bank einer der größten Aktionäre, war mit der geplanten Fusion allerdings nicht einverstanden. Philipp Hildebrand, einer der Topmanager des New Yorker Asset-Managers, äußerte seine Bedenken in einem Vortrag in Frankfurt. Damit brachte er die (allerdings ohnehin stockenden) Fusionsverhandlungen endgültig zu Fall.

Keine Anreize für ein intensives Engagement
Dieses Beispiel zeigt, welche potenzielle Macht die ETF-Giganten haben. Allerdings nutzen BlackRock und andere Asset-Manager ihren Einfluss nur selten. An der Spitze der Unternehmen stehen Kaufleute, die rechnen können. Sie fragen sich, was sie davon haben, wenn sie sich zum Beispiel bei einem Unternehmen engagieren, das ein Sanierungsfall ist. Natürlich können Großaktionäre eine wirksame Restrukturierung durchsetzen. Aber das ist mühselig, zeitraubend und aufwendig, wie der oben erwähnte Fall ThyssenKrupp zeigt. Obendrein ist der Erfolg keineswegs garantiert. Doch nehmen wir an, BlackRock gelänge es, unter dem Einsatz hoher Mittel eine neue, Erfolg versprechende Strategie bei einem angeschlagenen Dax-Unternehmen durchzusetzen. Dann würde der Börsenkurs voraussichtlich irgendwann kräftig steigen. Den Nutzen hätten allerdings alle Investoren, nicht nur jene, die bei BlackRock einen ETF auf den Dax gekauft haben. Auch die Anleger, die sich für einen entsprechenden Indexfonds von Amundi, Deka Investment oder der DWS Group entschieden hätten, würden von der Sanierung profitieren. Diese ETF-Anbieter aber haben, so unsere Annahme, gar nichts getan, um die taumelnde Dax-Gesellschaft wieder auf sichere Füße zu stellen. Es wäre ein klassischer Fall von Free Ridern, zu Deutsch: Trittbrettfahrern. Allein BlackRock würde die Kosten tragen, die Vorteile hätten jedoch auch die Konkurrenten.

Überdies ist der New Yorker Asset-Manager selbst ein börsennotiertes Unternehmen, dessen Aktionäre regelmäßig schöne Gewinne und prächtige Renditen erwarten.

Das Management muss also die gegenläufigen Interessen zweier Gruppen von „Stakeholdern" im Auge behalten: Die Kunden würden profitieren, wenn BlackRock möglichst viel in die Überwachung und Steuerung der Portfolio-Unternehmen investiert. Aus Sicht der Eigentümer sind dies aber Kosten, denen häufig kein entsprechender Mehrertrag gegenübersteht. In der Folge stattet BlackRock die Stewardship Teams, die für die Kontrolle der Portfolio-Unternehmen verantwortlich sind, nur mit den allernotwendigsten Ressourcen aus. Die drei Teams, die für die Regionen Amerika, Europa und Asien/Pazifik zuständig sind, umfassen insgesamt etwa 70 Experten für die Corporate Governance, also die Überwachung und Steuerung der Unternehmen. BlackRock ist aber weltweit an mehr als 14.000 Aktiengesellschaften beteiligt – jeder dieser Fachleute muss also im Mittel rund 200 Firmen betreuen! Angesichts einer solchen Arbeitslast verwundert es wenig, dass bei BlackRock offenbar niemandem aufgefallen ist, welcher gigantische Betrug beim bayerischen Zahlungsdienstleister Wirecard ablief. Dort war der amerikanische Asset-Manager bis zur Insolvenz einer der größten Aktionäre.

Der Asset-Manager kämpft mit einem stumpfen Schwert

Seit Anfang 2023 veröffentlicht BlackRock detaillierte Informationen zu den vertraulichen Gesprächen, die mit Topmanagern geführt werden. Die Angaben sind in den sogenannten Investment Stewardship Global Engagement Summary Reports nachzulesen, die regelmäßig im

Internet veröffentlicht werden. In den Berichten werden alle Unternehmen benannt, mit denen Gespräche geführt wurden, die Themen, die auf der Agenda standen, und sogar die genauen Termine, zu denen die Treffen stattfanden. Der Report für das erste Halbjahr 2023 verzeichnet 1790 Firmen aus allen fünf Kontinenten, mit denen Emissäre des Finanzkonzerns persönliche Gespräche geführt haben. Da BlackRock an mehr als 14.000 Firmen beteiligt ist, fand 2023 in den ersten sechs Monaten also nur mit jedem achten Portfolio-Unternehmen ein Gespräch statt. Eine sorgfältige, umfassende Kontrolle sieht anders aus. Ein Gegenbeispiel ist die britische Fondsgesellschaft Fidelity International Limited (FIL), die vorzugsweise aktiv verwaltete Fonds anbietet. Die Firma, die viel kleiner ist als BlackRock, führt pro Jahr 16.000 Gespräche mit Portfolio-Unternehmen – also erheblich mehr als BlackRock.

Überdies gibt es für ein erfolgreiches Engagement ein weiteres Hindernis: BlackRock kann einem Unternehmen, das massiv gegen Recht und Gesetz verstößt, nicht mit Sanktionen drohen, wie das folgende Beispiel zeigt. In Abschnitt 5.5 wurde erläutert, dass der bei deutschen Anlegern beliebte Index S&P Global Clean Energy eine Reihe chinesischer Unternehmen enthält, die offenbar an gravierenden Verstößen gegen die Menschenrechte beteiligt sind. Es handelt sich um Solarfirmen, die mutmaßlich Silizium aus Arbeitslagern in der Region Xinjiang verwenden. 2021 und 2022 haben die USA mehrere Importverbote für Produkte verhängt, die in Xinjiang hergestellt werden. Betroffen von den Sanktionen ist unter anderem die Firmengruppe Golden Concord Limited (GCL), einer der größten Solarkonzerne der Welt. Das chinesische Unternehmen betreibt in Xinjiang nicht nur ein großes Werk für hochreines Polysilizium, sondern steht offenbar auch in engen Beziehungen zu der paramilitärischen Organisation XPCC, die der Kommunistischen Partei unterstellt ist. Eine Tochtergesellschaft dieses Solarkonzerns, die GCL System Integration Technology, ist Bestandteil des S&P Global Clean Energy, den BlackRock in Lizenz genommen hat.

Die Sanktionen der amerikanischen Regierung haben den New Yorker Finanzkonzern offenbar alarmiert. Am 18. Mai 2023 trafen sich Emissäre von BlackRock mit Vertretern der GCL-Tochtergesellschaft, die das Werk in Xinjiang betreibt. Thema des Meetings war laut Angaben des Asset-Managers die Menschenrechtslage in China. BlackRock teilte jedoch nicht mit, worüber im Einzelnen gesprochen wurde. Ein aktiv verwalteter Fonds hätte das chinesische Unternehmen vor eine knallharte Alternative stellen können: Entweder beendet ihr die Ausbeutung der uigurischen Zwangsarbeiter oder wir verkaufen eure Aktie. BlackRock sind jedoch die Hände gebunden. Ein Indexfonds wie der iShares Global Clean Energy kann nicht ohne Weiteres eine einzelne Aktie verkaufen, auch wenn das Management noch so krass die Menschenrechte verletzt. Ein ETF ist meist vertraglich dazu verpflichtet, den Referenzindex vollständig und ohne Ausnahmen abzubilden. Die Manager der Firma GCL Technology, mit denen BlackRock gesprochen hat, werden genau gewusst haben, dass der Asset-Manager kein scharfes Schwert in der Scheide hat.

Andere Finanzkonzerne tun freilich noch weniger als BlackRock. Die Vanguard Group, weltweit die Nummer zwei im ETF-Geschäft, versucht gar nicht erst, den Eindruck zu erwecken, sie könne und wolle die ökologische Transformation der Unternehmen steuern. „Wir glauben nicht, dass wir den Unternehmen die Strategie diktieren sollten", sagte Firmenchef Mortimer Buckley in einem Interview, das am 21. Februar 2023 in der *Financial Times* erschien. „Es wäre Hybris, wenn wir behaupten würden, dass wir die richtige Strategie für die Tausenden von Firmen kennen würden, in denen Vanguard investiert ist", fuhr der CEO fort.

6.4 Der Klub der Billionäre

Wer in einen ETF investiert, sollte prüfen, ob er auf diese Weise nicht ganz gegen seine Intentionen einen der mächtigsten Finanzkonzerne fördert, die es in der Geschichte je gegeben hat. Das Geschäft mit Indexfonds teilen sich weltweit im Wesentlichen vier Anbieter. Hiervon kommen drei aus den USA, nämlich BlackRock, Vanguard und State Street. Als einziges europäisches Unternehmen ist die Pariser Fondsgesellschaft Amundi Mitglied des Quartetts. Zwar gibt es zahlreiche kleine und mittelgroße ETF-Anbieter. Die jedoch spielen meist nur in ihren Heimatländern eine größere Rolle. In Deutschland gehört hierzu Deka Investment, eine Tochtergesellschaft der deutschen Sparkassen. Wenn Investoren in einen ETF auf einen bestimmten regionalen oder thematischen Index investieren möchten, sollten sie vielleicht auch darauf achten, ob es eine Alternative von einem kleineren Anbieter gibt.

Tabelle 6.1 Amerikanische Finanzkonzerne dominieren
Die 20 größten Asset-Manager der Welt

Vermögensverwalter	Land	Verwaltetes Vermögen
BlackRock	USA	8,6 Billionen Dollar
Vanguard Group	USA	7,3 Billionen Dollar
Fidelity International	USA	3,7 Billionen Dollar
State Street Global Advisors	USA	3,5 Billionen Dollar
JP Morgan Chase	USA	2,8 Billionen Dollar
Goldman Sachs	USA	2,6 Billionen Dollar
Allianz	Deutschland	2,3 Billionen Dollar
Capital Group	USA	2,2 Billionen Dollar
Amundi	Frankreich	2,0 Billionen Dollar
UBS	Schweiz	1,9 Billionen Dollar
Bank of New York Mellon	USA	1,8 Billionen Dollar
Legal & General Group	Großbritannien	1,4 Billionen Dollar
Invesco	USA	1,4 Billionen Dollar
Franklin Templeton	USA	1,4 Billionen Dollar
Prudential Financial	USA	1,4 Billionen Dollar
T. Rowe Price	USA	1,3 Billionen Dollar
BNP Paribas	Frankreich	1,3 Billionen Dollar
Northern Trust	USA	1,3 Billionen Dollar
Morgan Stanley	USA	1,2 Billionen Dollar
Natixis Investment	Frankreich	1,2 Billionen Dollar

Quelle: Thinking Ahead/Willis Towers Watson *Stand: 31. Dezember 2022*

Es ist der reichste Konzern, den die Welt je gesehen hat: Der New Yorker Asset-Manager BlackRock verwaltete Ende 2022 ein Vermögen von 8,6 Billionen Dollar. Die Summe entsprach ziemlich genau den Ersparnissen aller privaten Haushalte in Deutschland. Keine Geschäftsbank auf diesem Globus und auch keine Zentralbank hatte ähnlich hohe Aktiva in ihrer Bilanz wie BlackRock. Die Vanguard Group übertrumpft mit Assets under Management (verwaltete Vermögen) in Höhe von 7,3 Billionen Dollar ebenfalls alle Banken der Welt. Rund zwei Dutzend weitere Finanzinstitute verfügen über verwaltete Vermögen von mindestens einer Billion Dollar – das sind tausend Milliarden oder eine Million Mal eine Million. Die Asset-Manager, die Tabelle 6.1 aufführt, haben für ihre Kunden alles in allem rund 50 Billionen Dollar in Aktien, Anleihen und anderen Vermögenswerten angelegt. Der Klub der Billionäre wird von Amerikanern dominiert. Von den Top Twenty haben allein 14 Asset-Manager ihren Sitz in den USA. Drei sind in Frankreich domiziliert, je einer stammt aus Deutschland, Großbritannien und der Schweiz. Aus dem Fernen Osten, wo in den vergangenen Jahren immense Vermögen akkumuliert wurden, kommt jedoch kein einziger der 20 größten Vermögensverwalter der Erde. Japan, Singapur und Taiwan sind in der Tabelle ebenso wenig vertreten wie China, Indien und Südkorea.

Banken, Versicherungen und Independents

Die Asset-Manager, die in der Tabelle aufgeführt werden, lassen sich in drei Gruppen einteilen: Die erste besteht aus Großbanken, bei denen die Vermögensverwaltung für wohlhabende Kunden traditionell eine große Rolle spielt. Sie haben meist eigene Investmentgesellschaften gegründet, die die anvertrauten Kundengelder in Aktien- und Anleihefonds anlegen. Hierzu gehören das Schweizer Bankhaus UBS, die französische BNP Paribas sowie die amerikanischen Banken JP Morgan und Goldman Sachs. Die Muttergesellschaft von State Street Global Advisors, einer der größten ETF-Manager der Welt, ist die wenig bekannte Bank State Street aus Boston, das älteste noch aktive Kreditinstitut der USA. Die französische Investmentgesellschaft Amundi hat ebenfalls eine Bank im Hintergrund – das Pariser Geldhaus Crédit Agricole hält die Mehrheit der Anteile. Ähnlich ist die DWS Group, der größte deutsche ETF-Anbieter, eine Tochter der Deutschen Bank. Eine zweite Gruppe von Asset-Managern besteht aus Versicherungskonzernen; sie haben häufig ebenfalls eigene Fondsgesellschaften, die treuhänderisch die Beitragszahlungen der Kunden verwalten. Beispiele sind die britische Finanzgruppe Legal & General, die amerikanische Versicherungsgesellschaft Prudential Financial und die Allianz, zu der die auf Anleihen spezialisierte kalifornische Investmentgesellschaft Pimco gehört.

Die bedeutendste Gruppe der Asset-Manager besteht aus den Independents, die unabhängig von Banken und Versicherungen sind. Prominentester Vertreter dieser Spezies ist der börsennotierte New Yorker Finanzkonzern BlackRock. Eine ungewöhnliche Eigentümerstruktur hat die Vanguard Group aus Malvern im US-Bundesstaat Pennsylvania: Alle Anteile liegen bei rund 200 Fonds, die der Asset-Manager selbst aufgelegt hat. Die Firma gehört also letztlich den Kunden. Fidelity International mit Sitz in Boston und die Capital Group aus Los Angeles sind hingegen Familiengesellschaften: Die Aktionäre bestehen ausschließlich aus Nachfahren der Gründer sowie altgedienten Fondsmanagern, die in den Kreis der Eigentümer aufgenommen wurden. Anders als Vanguard oder State Street bieten diese beiden Unternehmen ganz oder überwiegend aktiv verwaltete Fonds an.

Das doppelte Kartell bei Nachhaltigkeitsindizes

Die beiden Marktführer BlackRock und Vanguard dominieren das Geschäft mit den weltweit wichtigsten Leitindizes. Beim MSCI World hält BlackRock in der EU einen Marktanteil von mehr als 50 Prozent. Die beiden ETFs, die der New Yorker Asset-Manager auf den Weltindex anbietet, haben ein Volumen von 65 Milliarden Dollar. Die Frankfurter DWS kann lediglich 20 Milliarden Dollar in die Waagschale werfen. Noch dominanter sind die Marktanteile der US-Giganten beim Standard & Poor's 500. Die Indexfonds von BlackRock haben ein Volumen von mehr als 80 Milliarden Dollar; Vanguard kommt auf rund 40 Milliarden; den Rest des Marktes teilen sich weitgehend die gleichfalls amerikanischen Asset-Manager Invesco und State Street. Auch bei vielen europäischen Börsenindizes liegen die Titanen aus den USA vorne, so beim Dax und dem britischen Leitindex FTSE. Lediglich in Frankreich spielen sie kaum eine Rolle. Der Leitindex CAC 40 ist die Domäne des Pariser Fondshauses Amundi.

Da sie auf dem Massenmarkt mit regionalen Indizes kaum Chancen gegen das übermächtige Duo BlackRock und Vanguard haben, suchen die europäischen Konkurrenten ihr Heil in Marktnischen. Sie setzen zum Beispiel auf nachhaltige Investments. Auch Indexfonds auf technologische und gesellschaftliche Trends versprechen Wachstumschancen und gute Gewinne. Bei solchen Themenfonds können die Anbieter meist erheblich höhere Gebühren verlangen als bei ETFs, die den Dax, den MSCI World oder den S&P 500 abbilden, denn dort herrscht scharfe Preiskonkurrenz; die Produkte sind weitestgehend identisch; aus Sicht der Investoren kommt es vor allem auf die Kosten an. Bei den ökologischen, sozialen und technologischen Themenfonds ist dies anders. Hier sind die Marktnischen oft so klein, dass die Anbieter häufig nur zwei oder drei Mitbewerber haben. Mitunter müssen sie überhaupt keine Konkurrenten fürchten, die die Preise verderben könnten. Längst haben die Anbieter einen Trick entdeckt, wie sie sich ihre eigenen Marktnischen schaffen können, wo die Kunden praktisch keine Auswahl haben. Dieser Kniff hat mit dem Konstruktionsprinzip von Indexfonds zu tun: Ein ETF bezieht sich ja immer auf einen Index, den ein Dritter kreieren und anbieten muss. Dies ist in der EU rechtlich vorgeschrieben.

Die Asset-Manager dürfen allerdings exklusive Vereinbarungen mit den Finanzdienstleistern treffen, die Börsenindizes auflegen. Einen solchen Vertrag hat Vanguard offenbar mit FTSE Russell abgeschlossen, einer Tochtergesellschaft der London Stock Exchange, die die Börse in London betreibt. Die Vereinbarung betrifft allerdings nicht den FTSE 100, sondern einige internationale Börsenbarometer, die ebenfalls von FTSE Russell geführt werden. Bei den drei Indizes FTSE Developed, FTSE Emerging Markets und FTSE All Cap Global Choice ist Vanguard Group weltweit der einzige Anbieter. Bei solchen breit aufgestellten Börsenindizes sind Exklusivverträge allerdings bislang eher die Ausnahme, bei Themenfonds werden sie jedoch zunehmend zur Regel. Mittlerweile gibt es Finanzdienstleister, die im Kundenauftrag jedes gewünschte Börsenbarometer basteln. Hierzu gehört die Frankfurter Firma Solactive.

MSCI hat das Geschäft mit maßgeschneiderten Indizes, die exklusiv für bestimmte Fondsgesellschaften entwickelt werden, perfektioniert. Besichtigen lässt sich dies bei den Nachhaltigkeitsindizes, die der New Yorker Finanzdienstleister wie am Fließband produziert. So gibt es allein beim MSCI World SRI fünf Hauptvarianten, bei denen jeweils eine einzige Fondsgesellschaft weltweit exklusiver Lizenznehmer ist. Die Nutzungsrechte erstrecken sich meist auch auf die regionalen und nationalen Versionen, die parallel zu den weltweiten Hauptvarianten angeboten werden. Ein ähnliches System hat der New Yorker Finanzdienstleister Standard & Poor's für den von ihm geführten S&P 500 entwickelt. Hier gibt es Nachhaltigkeitsindizes in fünf Qualitätsstufen, für die die Lizenznehmer offenbar unterschiedlich hohe Gebühren zahlen müssen. MSCI und S&P haben einen Vorteil gegenüber anderen Indexanbietern: Die beiden Finanzdienstleister treten auch als ESG-Ratingagenturen auf, die die Nachhaltigkeit von Unternehmen bewerten. Sie können also gegenüber ihren Kunden darauf verweisen, dass sie Kompetenz und Erfahrung bei den ESG-Ratings haben, anhand derer die Unternehmen für die einzelnen Nachhaltigkeitsindizes ausgewählt werden. Für die beteiligten Unternehmen ist dieses System anscheinend sehr lukrativ. Die Anleger, die einen nachhaltigen Indexfonds kaufen möchten, sollten sich allerdings über folgende Punkte im Klaren sein:
- Auf dem Markt für nachhaltige Indizes haben sich weltweit Monopole gebildet. Standard & Poor's dominiert dieses Geschäft in den USA. MSCI hat in Europa

eine überragende Marktstellung. Bei SRI-Indizes (also der höchsten Güteklasse von Nachhaltigkeitsindizes) hält der New Yorker Finanzdienstleister in der EU einen Marktanteil von 99 Prozent. Zwar bietet auch die Eschborner Firma Qontigo, eine Tochter der Deutschen Börse, SRI-Indizes an. Das Interesse der Kunden ist aber anscheinend sehr gering.
- Auch bei den nachhaltigen Indexfonds ist die Konzentration hoch. MSCI bevorzugt bei der Vergabe der Exklusivlizenzen die großen Fondsanbieter, die gut am Markt etabliert sind. Dies bietet die Gewähr hoher Umsätze und Lizenzeinnahmen. Die Nutzungsrechte an den fünf Hauptvarianten des MSCI SRI wurden zum einen an BlackRock, Amundi und die DWS Group vergeben, also an die jeweils größten Asset-Manager Amerikas, Frankreichs und Deutschlands. Zwei weitere Lizenzen gingen an BNP Paribas und UBS, die größten Banken Frankreichs und der Schweiz. Kleinere Fondshäuser wie Deka Investment hatten bei der Lizenzvergabe offenbar keine Chance.
- Aufgrund des mangelhaften Wettbewerbs müssen die Anleger höhere Kosten tragen. Beim MSCI World buhlen 8 Anbieter mit 22 Indexfonds um die Gunst der Anleger. Da hier Konkurrenz herrscht, kosten die billigsten ETFs lediglich 0,10 Prozent im Jahr. Die Anbieter von Indexfonds auf erneuerbare Energien verlangen hingegen jährliche Gebühren von 0,35 bis 0,78 Prozent. Hier bildet nahezu jeder ETF einen anderen Referenzindex ab.

6.5 Identische Eigentümer gefährden den Wettbewerb

Die ETF-Anbieter haben allerdings nicht nur in der Finanzwelt bedenkliche Oligopole geschaffen, sie beschränken auch in der Realwirtschaft massiv den Wettbewerb. Es liegt in der Logik eines ETF, dass er sämtliche Unternehmen des Referenzindex umfasst. So hält BlackRock Anteile an allen acht Chemiefirmen, die im Dax notiert sind. Bei den meisten dieser Konzerne, die häufig unmittelbare Konkurrenten sind, ist der Asset-Manager sogar der größte einzelne Aktionär – von BASF in Ludwigshafen bis zu Merck in Darmstadt.

BlackRock verkauft aber auch ETFs auf die Leitindizes anderer Industrieländer. Der Asset-Manager ist daher nicht nur am deutschen Elektrokonzern Siemens beteiligt, sondern zwangsläufig auch an dessen wichtigsten ausländischen Mitbewerbern – von ABB in Schweden und Alstom in Frankreich bis zu General Electric in den USA. Überdies sind an diesen Unternehmen auch andere ETF-Anbieter mit großen Aktienpaketen beteiligt. „Common Ownership" nennen Kartellexperten diese Eigentumsstrukturen. Sie sind wettbewerbspolitisch nur unbedenklich, solange die einzelnen Anteile der identischen Eigentümer nicht übermäßig groß werden.

Diese Gefahr besteht aber durchaus, wie die amerikanische IT-Industrie plastisch zeigt. Mit einem weltweit einzigartigen Einsatz von Kapital und Wissen wird im Silicon Valley an den Schlüsseltechnologien unserer Zeit gearbeitet – vom Quantum Computing über das autonome Autofahren bis zur künstlichen Intelligenz. Doch wem gehören eigentlich die IT-Konzerne, die solch einen Einfluss auf die künftige Entwicklung der globalen Wirtschaft haben? Bei einigen Unternehmen haben die Gründer durchaus noch die Kontrolle. So hält Mark Zuckerberg bei Meta Platforms (Facebook) die absolute Mehrheit der Stimmrechte. Ähnlich kontrollieren Sergey Brin und Larry Page bei Alphabet (Google) mehr als 50 Prozent der Stimmrechte. Sie haben ebenso wie Zuckerberg einen Trick genutzt, um weiterhin das Sagen in ihrer Firma zu haben: Alphabet und Meta sind jeweils mit zwei Aktienklassen an den Börsen notiert. Nur die Class A ist mit Stimmrechten ausgestattet, die Class C ist, ähnlich den deutschen Vorzugsaktien, stimmrechtslos. Die Mehrheit an den stimmberechtigten Anteilsscheinen der Class A wird jeweils von den Gründern gehalten. Stimmrechtslose Aktien sind an den Kapitalmärkten allerdings nicht sehr beliebt, da die Investoren gerne Einfluss auf die Portfolio-Unternehmen ausüben möchten. Eine Lösung wie bei Alphabet und Meta, mit der die Gründer ihre Macht zementieren können, ist daher die Ausnahme.

Typischer ist die Situation bei Amazon. Bei dem Onlinehändler ist Jeff Bezos zwar noch der größte einzelne Aktionär. Er muss sich die Macht jedoch mit Vanguard und BlackRock teilen, wie Tabelle 6.2 zeigt. Aufgeführt sind dort Kapitalanteile von mehr als fünf Prozent, die nach amerikanischem Recht der Börsenaufsicht SEC gemeldet werden müssen. Die Angaben werden in den sogenannten Proxy Statements veröffentlicht, die vor jeder Hauptversammlung an die Aktionäre verschickt werden. Bei neun der zehn IT-Konzerne, die in der Tabelle aufgeführt werden, sind Vanguard und BlackRock mittlerweile die größten Aktionäre. Ein Blick auf historische Daten zeigt, wie rasch der Einfluss der Finanzinvestoren zunimmt. Bei Hewlett-Packard, dem ersten im Silicon Valley gegründeten Elektronikunternehmen, hielt 2010 lediglich ein einziger Asset-Manager einen meldepflichtigen Anteil: BlackRock besaß damals 6,9 Prozent der Aktien. Zwölf Jahre später hatten Dodge & Cox, State Street und Vanguard ebenfalls die Schwelle von fünf Prozent überschritten, mussten also ihre Beteiligungen offenlegen. Die vier größten Finanzinvestoren hielten 2022 mehr als ein Drittel des gesamten Kapitals von Hewlett-Packard. Der Anteil war grob gerechnet mindestens doppelt so hoch wie noch 2010. So dramatisch ist die Entwicklung gewiss nicht bei allen IT-Unternehmen in den USA. Das Beispiel Hewlett-Packard zeigt aber eindringlich, wie bedrohlich der Vormarsch der ETF-Konzerne in den Informationstechnologien ist, der Schlüsselbranche der globalen Wirtschaft.

Identische Großaktionäre finden sich allerdings nicht nur in der IT-Industrie, sondern auch in vielen anderen Wirtschaftszweigen. Stark ausgeprägt ist Common Ownership in der Ölindustrie, der Chemie, der Pharmaindustrie und der Elektronik sowie bei Banken, Versicherungen und Versorgungsunternehmen. In diesen Branchen sind die Hauptaktionäre börsennotierter Großunternehmen weitgehend identisch – und zwar in nahezu allen westlichen Industrieländern. Besonders häufig finden sich identische Großaktionäre bei den 500 Unternehmen, die im amerikanischen Leitindex S&P 500 notiert werden. An den meisten dieser Konzerne halten die 5 größten Asset-Manager zusammen Anteile, die sich jeweils auf ungefähr 20 bis 30 Prozent des Aktienkapitals belaufen.

Tabelle 6.2 BlackRock und Vanguard sind allgegenwärtig

Großaktionäre führender amerikanischer IT-Konzerne

Unternehmen	Anteilseigner	Meldepflichtige Kapitalanteile
Amazon	Jeffrey P. Bezos	12,3 Prozent
	Vanguard	6,9 Prozent
	BlackRock	5,8 Prozent
Apple	Vanguard	8,0 Prozent
	BlackRock	6,4 Prozent
	Berkshire Hathaway	5,7 Prozent
Hewlett-Packard Enterprise (HPE)	Vanguard	12,2 Prozent
	BlackRock	10,3 Prozent
	Dodge & Cox	8,2 Prozent
	State Street	5,7 Prozent
IBM	Vanguard	8,9 Prozent
	BlackRock	8,0 Prozent
	State Street	5,9 Prozent
Intel	Vanguard	8,8 Prozent
	BlackRock	8,0 Prozent
Microsoft	Vanguard	8,6 Prozent
	BlackRock	7,1 Prozent
Nvidia	Vanguard	8,3 Prozent
	BlackRock	7,3 Prozent
	Fidelity	5,6 Prozent
PayPal	Vanguard	8,4 Prozent
	BlackRock	6,7 Prozent
Qualcomm	Vanguard	10,0 Prozent
	BlackRock	7,5 Prozent
Salesforce	Vanguard	8,3 Prozent
	BlackRock	7,2 Prozent

Quellen: Zusammengestellt nach Angaben in den Proxy Statements der Unternehmen *Stand: 31. Januar 2024*

In der deutschen Wirtschaft sind identische Eigentumsverhältnisse noch nicht ganz so stark ausgeprägt wie in den USA. Doch auch im Dax spielen Finanzinvestoren die erste Geige; sie halten laut dem Finanzdienstleister Standard & Poor's rund 60 Prozent aller ausgegebenen Anteilsscheine. In dieser Aktionärsgruppe sticht BlackRock hervor; der Asset-Manager ist bei rund einem Drittel der Dax-Unternehmen der bedeutendste einzelne Anteilseigner. Auf Platz zwei und drei finden sich häufig die ETF-Anbieter Vanguard und Amundi. Gemeinsam mit zwei weiteren Finanzinvestoren kontrollieren die drei ETF-Konzerne bereits rund 15 Prozent des gesamten Dax-Kapitals. Schreitet die Verbreitung von Indexfonds im gleichen Tempo voran wie in den vergangenen Jahren, dürfte die Konzentration im Aktionariat in absehbarer Zeit amerikanische Dimensionen erreichen. Im Lauf des nächsten Jahrzehnts bringen die fünf größten Investoren womöglich mehr als ein Drittel der gesamten Dax-Aktien unter ihre Kontrolle. Spätestens dann müssen die Kartellbehörden einschreiten.

Koordination hinter den Kulissen

Bei manchen Dax-Unternehmen wie beispielsweise dem Sportartikelanbieter Adidas, dem Autohersteller Mercedes-Benz und dem Wohnungsunternehmen Vonovia kontrollieren die fünf größten Asset-Manager zusammen rund ein Viertel der Stimmrechte, beim Rüstungsunternehmen MTU sind es sogar mehr als ein Drittel. Das ist zwar weit entfernt von der absoluten Mehrheit, doch kumuliert genügen die Anteile häufig, damit die Top Five die Entscheidungen auf einer Hauptversammlung dominieren können. Bei Börsengesellschaften, die sich ganz oder überwiegend in Streubesitz befinden, liegt die Präsenz auf der HV häufig unter 50 Prozent. Eine Handvoll Aktionäre, die zusammen ein Drittel oder auch nur ein Viertel der Anteile halten, kommt mithin oft auf eine absolute Mehrheit der anwesenden Stimmen. In der Bundesrepublik und vielen anderen Ländern ist es allerdings nicht erlaubt, dass Großaktionäre untereinander verabreden, wie sie auf einer HV abstimmen. Dies wäre ein „Acting in Concert", das rechtliche Folgen hätte. Freilich sind explizite Absprachen gar nicht notwendig, um ein Unternehmen in die gewünschte Richtung zu lenken. Strategische und personelle Entscheidungen können auch über andere Mechanismen zentral gesteuert werden.

Nahezu alle großen Finanzinvestoren nutzen die Dienste sogenannter „Proxy Advisor". Diese Stimmrechtsberater analysieren im Auftrag ihrer Mandanten die Tagesordnung einer bevorstehenden HV. Zu jeder Beschlussvorlage, also zum Beispiel zur Ausschüttung von Dividenden oder zur Berufung eines neuen Aufsichtsratschefs, geben die Berater den Kunden eine Abstimmungsempfehlung. Von diesen Aktionärsflüsterern lassen sich die amerikanischen Asset-Manager BlackRock, State Street und Vanguard ebenso beraten wie die deutschen Fondshäuser Deka Investment, DWS Group und Union Investment. Die Zunft der Proxy Advisor ist in hohem Maße konzentriert. Die New Yorker Firma Institutional Shareholder Services (ISS), seit 2020 eine Tochtergesellschaft der Deutschen Börse, kommt auf einen weltweiten Marktanteil von rund 60 Prozent. Der einzige global aktive Mitbewerber ist die ebenfalls amerikanische Firma Glass-Lewis. Laut Insidern hören auf den Hauptversammlungen von Dax-Gesellschaften mehr als ein Drittel der anwesenden Stimmen auf die Empfehlungen von ISS.

Einen zweiten Koordinierungsmechanismus bildet der sogenannte Shareholder Activism. Regelmäßig verlangen Hedgefonds wie Elliott, TCI oder Third Point von Großunternehmen einen tiefgreifenden Wechsel von Strategie, Geschäftsmodell oder Organisation – nicht selten mit Erfolg. Aktivistische Aktionäre zwangen in den vergangenen Jahren die Vorstandschefs von Adidas, Deutscher Börse und ThyssenKrupp zum Rücktritt. Unter Druck gerieten ebenfalls Bayer, Eon und Celesio. Bevor die Störenfriede ihre lautstark und aggressiv geführten Kampagnen starten, erkunden sie diskret hinter den Kulissen, ob Großaktionäre der Zielunternehmen ihre Pläne unterstützen. BlackRock räumt offiziell ein, regelmäßig mit aktivistischen Aktionären zu kooperieren. Hinter vorgehaltener Hand ist auch von deutschen Fondsmanagern zu hören, dass sie mit Hedgefonds sprechen, die gegen Unternehmen mit notorisch schlechter Performance vorgehen wollen.

Common Ownership lähmt die Konkurrenz

Konkurrenz ist der Motor, der die wirtschaftliche Entwicklung vorantreibt. Firmen, die in Wettbewerb zueinander stehen, können nur neue Kunden gewinnen, indem sie niedrigere Preise verlangen, besseren Service bieten, mit einer höheren Qualität punkten oder Innovationen auf den Markt bringen. Das freie Spiel der Marktkräfte erzeugt einen schier endlosen Strom neuer Ideen, Produkte und Technologien;

es ist eine wesentliche Quelle unseres Wohlstands. Die Asset-Manager behindern jedoch gezielt den Wettbewerb zwischen den Portfolio-Unternehmen. Sie fördern zum Beispiel systematisch Fusionen und Übernahmen. Dies geht aus den sogenannten Stewardship Reports hervor, den jährlichen Rechenschaftsberichten für Investoren, die beispielsweise von BlackRock, State Street und Vanguard veröffentlicht werden. Die Berichte enthalten detaillierte Informationen, wie die Finanzkonzerne auf Hauptversammlungen abgestimmt haben. Eine umfassende Auswertung von Stewardship Reports durch den Autor kommt zu dem Ergebnis, dass die drei größten Anbieter von ETFs nahezu ausnahmslos alle Fusionen und Übernahmen absegnen, die den Aktionären zur Genehmigung vorgelegt werden. Die Vanguard Group hat 2022 weltweit über mehr als 4000 Mergers & Acquisitions abgestimmt. In 98 Prozent der Fälle gab der Asset-Manager grünes Licht für einen geplanten Zusammenschluss. Ein ähnliches Bild ergibt sich für BlackRock und State Street. Zwar ist auch den Finanzkonzernen bekannt, dass viele Fusionen scheitern. In schätzungsweise der Hälfte der Fälle lassen sich die versprochenen Synergien nicht oder nur zu einem kleineren Teil verwirklichen. Die ETF-Anbieter haben jedoch einen anderen Aspekt im Auge: Wenn eine Fusion die Schar der Anbieter reduziert, dann verliert der Konkurrenzkampf an Schärfe. Dies wiederum treibt Gewinne und Dividenden in die Höhe. Die allgegenwärtigen Asset-Manager haben stets die Gesamtrendite einer Branche im Blick. Und die kann auch dann steigen, wenn sich bei einer einzelnen Fusion nicht die erhofften Synergien einstellen.

Aus exakt den gleichen Gründen tun BlackRock & Co. im Allgemeinen nichts, um den Konkurrenzkampf zwischen den Portfolio-Unternehmen anzustacheln. Ein Anbieter, der die Preise seiner Konkurrenten unterbietet, kann damit neue Kunden gewinnen, das Wachstum beschleunigen und letztlich auch seine Gewinne steigern. Denn die Preissenkungen lassen sich oft mit steigenden Marktanteilen und den hierdurch ermöglichten ökonomischen Größeneffekten kompensieren. Die Konkurrenten können ihre Marktanteile nur verteidigen, indem sie nachziehen und ihre Preise ebenfalls senken. Dies freut natürlich die Kunden, die für die gleichen Produkte und Dienstleistungen weniger zahlen müssen. Erbost sind jedoch die Asset-Manager, die an allen Unternehmen beteiligt sind – am vorpreschenden und gut verdienenden Anbieter ebenso wie an den trägen Konkurrenten, die auf ihrer überteuerten Ware sitzen bleiben. Aggressiver Wettbewerb reduziert in der Regel die durchschnittliche Rendite, die in einer Branche erzielt wird. Professor Martin Schmalz von der Oxford University und seine Mitarbeiter haben bei einer Untersuchung der regionalen Luftfahrtmärkte in den USA festgestellt: Dort, wo die Fluggesellschaften identische Großaktionäre haben, müssen die Passagiere für die Tickets messbar höhere Preise zahlen als in anderen Regionen, wo Common Ownership in der Luftfahrt keine oder eine wesentlich geringere Rolle spielt. Ähnliche Befunde ergaben sich für die amerikanischen Bankenmärkte. Um ein solches Verhalten zu erklären, muss man gar nicht annehmen, dass die Asset-Manager aktiv bei den Unternehmen intervenieren. Das

Topmanagement weiß auch so, was die Eigentümer erwarten. Die Monopolkommission, die die Bundesregierung berät, hat in mehreren Hauptgutachten ihre Besorgnisse zu den Folgen von überlappenden Eigentumsstrukturen festgehalten. Zu ähnlichen Schlussfolgerungen kam die EU-Kommission in zwei Kartellverfahren zu Großfusionen in der Chemieindustrie.

6.6 Trittbrettfahrer der Kapitalmärkte

Ein ETF bildet einen Referenzindex ab. Doch wie kommt ein solcher Aktienkorb überhaupt zustande? Diese Frage stellen sich die wenigsten Privatanleger, die sich für ein passives Investment entscheiden. Die simple Antwort lautet: weil es andere aktive Player an den Märkten gibt, die nach gründlicher Analyse gezielt jene Aktien auswählen, in die sie investieren. Für die Aufnahme eines börsennotierten Unternehmens in den Dax gibt es im Wesentlichen nur ein Kriterium: die Marktkapitalisierung, die im Prinzip davon abhängt, wie hoch die Nachfrage nach den Aktien ist. Senken die aktiven Investoren den Daumen, müssen selbst traditionsreiche Großunternehmen wie die Lufthansa oder ThyssenKrupp den Dax verlassen. Dafür steigen andere Aktiengesellschaften aus dem M-Dax in den Leitindex auf. Ein solcher Wechsel ist aber nur möglich, weil viele Anleger nach wie vor ihre Hausaufgaben machen. Sie lesen regelmäßig die Wirtschaftsseiten einer guten Zeitung, beugen sich über Bilanzen und studieren vielleicht auch Research Reports von Analysten.

Das ist eine geistige Leistung, auf die passive Investoren gerne verzichten. Ein ETF investiert grundsätzlich in alle

Werte des Dax, ohne zwischen aufblühenden und sterbenden Branchen, zwischen gut und schlecht wirtschaftenden Firmen, zwischen unterbewerteten und übertueren Aktien zu differenzieren. Hingegen schauen Anleger, die ihre Investments gezielt nach sorgfältiger Prüfung auswählen, etwas genauer hin, was die Unternehmen mit ihrem Geld anstellen. Können die Vorstände die Investoren nicht mit ihrer Leistung überzeugen, müssen sie mit fallenden Börsenkursen rechnen – und am Jahresende womöglich auf die gewohnten schönen Boni verzichten. Dieser entscheidende Mechanismus wird durch Indexfonds, die prinzipiell nicht zwischen guter und schlechter Performance unterscheiden, tendenziell lahmgelegt.

Welche fatalen Auswirkungen ETFs auf die Preisbildung und Kapitalallokation an den Aktienmärkten haben, lässt sich besonders gut beobachten, wenn ein Dax-Unternehmen eine Kapitalerhöhung umsetzt. Dann kann das Management stets mit einer gewissen Grundnachfrage nach den jungen Aktien rechnen. Denn alle Dax-ETFs müssen die emittierten Papiere ankaufen. Indexfonds reduzieren die Gefahr, dass eine Kapitalerhöhung scheitert. Dies räumen Finanzchefs hinter vorgehaltener Hand schon einmal unumwunden ein. Wenn aber die Preisbildung massiv beeinträchtigt wird, können die Börsen eine zentrale volkswirtschaftliche Aufgabe nicht mehr erfüllen – nämlich das Kapital dorthin zu lenken, wo es den größten Nutzen stiften und die höchsten Erträge bringen kann. „ETFs haben etwas Selbstzerstörerisches", resümiert der Analyst einer deutschen Großbank im Gespräch mit dem Autor. Sollten eines Tages alle Dax-Aktien von Indexfonds gehalten werden, dann wäre ein Börsenhandel mit diesen Titeln weder sinnvoll noch überhaupt möglich. BlackRock & Co., die ihren Aufstieg funktionierenden Finanzmärkten verdanken, könnten irgendwann die Herzkammer des Kapitalismus zerstören.

Über den Autor

Günter Heismann arbeitet seit mehr als drei Jahrzehnten als Wirtschafts- und Finanzjournalist. Er hat an der Universität Marburg Volkswirtschaft und Philosophie studiert. Berufliche Stationen waren das Manager Magazin, die Woche und die Financial Times Deutschland. Heute ist Heismann freier Journalist in Hamburg. Er schreibt unter anderem für die Frankfurter Allgemeine und mehrere Wirtschaftsmagazine. Seine Spezialgebiete sind Vermögensanlage und Unternehmensfinanzierung. Heismann ist Verfasser mehrerer Wirtschaftssachbücher.